KB233974

흔들의자에서 일하지 마라

CEO가 전하는 58가지 성공 습관

흔들의자에서 일하지 마라

박인주 지음

페이퍼로드
paperroad

새로운 시대를 여는 젊은 리더를 위해

변화變化한다고 할 때 쓰는 변할 변變자는 실※처럼 끊임없이 말言로 타일러 옳게 변하도록 하는 데서 나온 말이라고 한다. 얼마나 정확한 한자 풀이인지는 모르지만 새겨 보면 좋은 말이라고 생각한다. 사람이 새로운 생각을 하고 이를 몸에 익히려면 같은 말을 여섯 번은 반복해 듣고 생각해야 한다고 했다. 그만큼 새로운 생각을 가지는 것과 그것을 행동에 옮겨 습관, 즉 시스템을 만드는 것은 어려운 일이다. 그렇지만 행동과 습관이 바뀌면 운명이 바뀌고 인생이 바뀐다.

이 책은 3년간 매주 월요일 직원들과의 아침 모임에서 5분 동안 전했던 메시지를 모은 것이다. 사실 아침 모임에서 전한 메시지는 이 책에 나온 테마를 소재를 달리해 반복한 것이다. 세상일이 그렇게 복잡한 것도 아니다. 진리는 오히려 단순한 데 있다.

진심을 가지고 상대를 대하면서 신뢰를 주고받아 파트너가 되는 것, 긍정적이고 열정적으로 일하는 것, 서로를 배려하는 것, 정직할 것 등. 이런 몇 가지만 진정으로 공감하고 행동에 옮긴다면 나도 행복하고, 사회도 행복한 '사람 사는 세상'이 될 것이다.

1996년 '일하고 싶은 사람은 마음껏 일할 수 있는 행복한 사회를 만들자!'는 모토 아래 아웃소싱서비스회사 제니엘을 창립했다. 그동안 우리 회사는 10개의 계열사와 1만 2천여 명의 직원이 일하는 고용서비스 분야 최고의 회사라는 과분한 자리에 올랐다. 이만큼의 성장을 이룬 것은 모두 직원들 덕분이라고 생각한다. '회사는 사람을 키우고, 사람이 회사를 키운다', '회사는 시스템이다. 시스템으로 운용해야 한다', 'CEO를 키우면 회사가 커진다'는 세 가지 생각은 창사 이래 변하지 않고 지켜 온 원칙이다. 3년간 아침 모임에서 전한 메시지를 한마디로 요약하면 '직원 모두가 창조적인 리더가 되어야 한다'는 것이다. 이런 회사 문화 때문인지 제니엘의 직원들은 효율적이고 창의적으로 일한다는 얘기를 많이 듣는다. 다른 회사에서는 '제니엘 직원만큼 하라'고도 하고, 실제로 많은 직원들이 스카우트 제의를 받는다고 한다. 하지만 태어날 때부터 인재로 태어나는 사람은 없다. 머슴처럼 일하면 평생 머슴으로 남고, 주인처럼 일하면 정말 주인이 된다. 나는 모든 직원들이 주인이 되기를 바랐고, 직원들은 내 기대에 잘 부응해 주었을 뿐이다.

회사 직원들에게 전한 메시지를 새삼 책으로 묶는 것은 경제 불황과 실업대란 속에서 실의에 빠진 젊은이들이 다시금 꿈과 도전 의식을 가지고 적극적으로 세상에 나아갔으면 하는 바람 때문이다. '꼰대'의 잔소리로 들릴지 모르지만 우리 시대의 젊은 이들이 지나치게 세상에 부정적이고 냉소적인 태도로 임하는 경우가 자주 보인다. 물론 기성세대, 혹은 사회를 주도했던 세력들이 제대로 성장 동력을 만들지 못하고, 양극화 사회에 이르도록 한국을 방치 혹은 조장했던 책임도 크다. 하지만 기성세대의 더 큰 잘못은 자신의 자식만을 전부로 알고 한두 명의 자녀들이 원하는 것이면 무엇이든 입에 떠먹이듯 키운 데 있다. 우리만의 문제는 아니다. 전후 베이비붐 시기에 태어났던 일본의 단카이團塊 세대는 고생했던 자신들의 성장기를 자식들에게는 물려주기 싫어 모든 것을 자식들이 원하는 대로 해주는 바람에 일본식 신세대인 '신인류' 세대를 키웠다. 그 결과 자기 안에 고립되어 사회에 제대로 진입하지 못하는 '히키코모리(은둔형 외톨이)', 필요한 돈이 모일 때까지만 일하고 쉽게 일자리를 떠나는 사람들을 칭하는 '프리터족' 등 활력을 잃어버린 세대가 되었다. 중국 역시 하나의 자식을 조부모와 부모가 떠받드는 '소황제족'의 출현으로 벌써부터 우려의 목소리가 높다.

우리나라에서도 널리 소개됐던 중국 CCTV 다큐멘터리 〈대국굴기大國屈起〉에서는 세계를 지배했던 대국들인 영국, 미국, 스페인 등의 나라가 융성했던 시기의 특징을 언급한 바 있다. 세계를 지배했던 나라는 항상 모험심과 열정으로 가득 찬 젊은이들이 앞다퉈 사회를 주도했다. 우리도 못 할 것이 없다.

나는 젊은이들이 모두 창조적인 리더가 되는 세상을 꿈꾼다. 그들이 새로운 시대의 비전을 설계하며 꿈과 열정을 가지고 세상에 나섰으면 좋겠다. 그동안 모두가 제각기 우리 회사, 우리 식구만을 챙기느라 인간미가 없는 약육강식의 시대가 되었다. 나는 젊은이들이 우리 세대가 미처 돌보지 못한 어려운 이웃을 생각할 줄 알고 국경 밖의 넓은 세계를 두려움이 아닌 설레는 마음으로 바라볼 수 있기를 바란다. 사람을 믿고 더 나은 미래를 꿈꾸는 것은 행복한 일이다. 나는 제니엘의 일꾼들을 믿는다. 그리고 제니엘의 사원들을 비롯한 모든 비즈니스맨들의 힘을 믿는다.

2012년 12월 박인주

차례

1장 모든 돌은 보석이다
모 래 알 이   아 닌   원 석 으 로   사 는   법

2장 누구에게나 필살기는 있다

기 회 는 언 제 나 위 기 와 함 께 온 다

3장 태도에 답이 있다

통 하 는 커 뮤 니 케 이 션 , 통 하 는 결 재 서 류

4장 사람이 혁신의 힘이다

함께 가면 더 빠르다

모든 돌은 보석이다

1장

모래알이 아닌 원석으로 사는 법

누가 **예스맨**을 **무능**하다 하는가

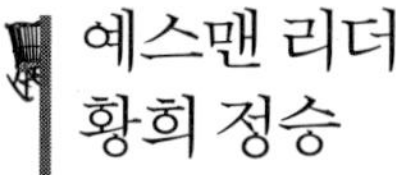 예스맨 리더, 황희 정승

황희 정승의 '삼가재상三可宰相' 이야기는 너무나도 유명하다. 어느 날 황희 정승의 집에 손님이 찾아오게 되었다. 손님 맞을 준비를 하던 중, 두 여자 하인 사이에서 시비가 붙었다. 한 명은 청소를 먼저 해야 한다고 주장하고, 한 명은 요리를 먼저 해야 한다고 주장했기 때문이다. 싸움이 이어져도 결론이 나지 않자 두 사람은 황희 정승에게 달려갔다.

먼저 한 하인이 말했다. "대감마님, 손님을 맞으려면 집이 깨끗해야 하니 청소를 먼저 해야겠지요?" 황희가 답했다. "오냐,

네 말이 맞다." 다른 하인이 말했다. "대감마님, 손님이 오시면 배가 고프실 테니 요리를 먼저 해야겠지요?" 황희가 답했다. "오냐, 네 말이 맞다." 이를 지켜보던 부인이 거들었다. "이도 저도 맞다 하시면 어찌합니까?" 황희가 또 답했다. "부인 말도 옳소."

널리 퍼져 있는 이 이야기는 버전에 따라 남자 하인이 등장하기도 하고, 딸과 며느리가 등장하기도 한다. 그러나 '네 말이 맞다'는 구절만은 어김없이 나타난다. 역사 작가 박기현 씨는 황희 정승을 '예스맨 리더십'의 사례로 분류한다. 세종과 집현전 학자 사이에서 큰 갈등 없이 성과가 나고, 조선 전기 태평성대가 열릴 수 있었던 데에는 황희의 역할이 컸다는 것이다. 그는 황희를 '위로는 군주에서 아래로는 백성까지 모든 이와 소통했던 전형적인 예스맨 리더'로 평가한다.

'예스'는 권한을 약화시키지 않는다

요즘 책이나 방송을 보면 절대 '예스'라고 말해서는 안 된다고 가르치는 듯하다. 하지만 이는 잘못된 생각이다. 우리는 흔히 '예스'라고 답하는 순간 자신의 권한이 약해지기라도 한다는 착각을 하고 있다. 이런 두려움 때문에 많은 이가 무조건 '노'라고 말하려 한다. 혹은 '노'를 할 줄 알아야 자신의 창의성이 인정받을 수 있다고 믿는 모양이다. 그러나 조직이 잘 되려면 윗사람과 아랫사람 사이에서 수많은 '예스'가 오고 가야 한다. 물론 여기에 '합리성'이 전제되어야 하는 것은 당연한 일이다. 사실 위에 나온 황희 정승의 '예스맨 리더십'도 합리성이 없었다면 나오지 않았을 것이다. 두 하인의 이야기, 부인의 이야기 모두가 나름의 옳음에 기초하고 있기 때문이다.

중요한 것은 '반대'라는 수단으로 자기 자신을 어필하려는 심리다. 들어 보면 획기적이거나 창조적인 의견도 아니고, 근본적인 관점의 차이가 있는 것도 아닌데 자신의 '노'를 굽히려 하지 않는다. 윗사람은 윗사람의 권위로, 아랫사람은 아랫사람의 혈기로 서로를 납득하려 들지 않는다. 동료 사이에서도 이런 대립은 흔히 발생한다.

이 모두가 불필요한 행동이다. 지위 고하를 막론하고 상대의 의견이 합리적이라면 무엇보다 '예스'가 먼저 나와야 한다. "그거 좋은 제안이군!", "좋은 아이디어야!"라고 말해 보자. 차이를 찾아 해결하는 것은 이 다음부터다. "그런데 말이야, 자네의 제안에는 이런 난점이 있더군", "선배님의 의견에 이런 요소가 첨가되면 아주 완벽해질 것입니다……"라는 말은 서로에 대한 긍정을 기반으로 해야 한다.

우선 예스의 기반을 쌓아 놓고 그 위에 함께 올라서 문제를 해결하는 것이 보다 효율적이지 않을까? 자신은 완벽하고, 최고의 전문가여서 절대 나무에서 떨어질 리 없다는 믿음부터 버려라. 그래야 상대로부터 건설적인 "예스"를 찾아낼 수 있다. 창조적인 반골 못지않게 합리적인 예스맨도 조직을 위해 반드시 필요한 인물이다.

첫인상의 전략

과학이 설명하는 첫인상의 신비

심리학에 나오는 개념인 '초두효과'는 첫인상의 강렬함과 중요성을 보여 준다. 지금 당신이 한 사람을 처음 소개 받고 있다고 생각해 보자.

- 최 과장은 지적이고 성실하며 추진력 있고 이기적이며 고집이 센 편이다.
- 한 과장은 고집이 센 편이고 이기적이며 추진력 있고 성실하며 지적이다.

위 두 문장은 사실 같은 내용을 담고 있다. 그런데도 왠지 최 과장은 긍정적인 이미지인 반면, 한 과장은 부정적인 이미지다. 아주 짧은 시간 내에도 긍정적인 단어가 먼저 나왔는지, 부정적인 단어가 먼저 나왔는지 여부에 따라서 그 사람의 첫인상이 결정되기 때문이다.

첫인상에는 '새로고침' 기능이 없다

첫인상은 누구도 두 번 보일 수 없다. 상대에게 이미지가 어떤 식으로든 각인되면 계속해서 강력한 영향력을 행사하게 된다. 이후의 관계 형성이 어떻게 진행될지 판가름하는 열쇠가 바로 첫인상이다. 첫인상에는 다음과 같은 속성이 있다.

1. 첫인상을 줄 기회는 단 한 번이다.
2. 첫인상은 신속하게 심어진다.
3. 첫인상은 일방적으로 전달된다.
4. 첫인상은 상상과 연상이 가능하다.

위 내용을 잘 새기면 성공적인 첫인상을 만들 수 있다. 특히 첫인상은 신속하게 심어진다는 점을 유념해 상대를 만나기 전에 좋은 첫인상을 드러낼 수 있도록 만반의 준비를 하자.

특히 첫인상에서는 표정이 매우 중요하다. 얼굴의 미추를 떠나 웃는 얼굴은 누구에게나 호감을 준다. 반면에 열등감이 얼굴에서 드러나면 상대방이 부담을 가지게 마련이므로 불행하다는 감정을 버리고, 타인과의 비교 역시 그만두어야 한다. 지나친 염려에서 오는 두려움 역시 표정에서 고스란히 드러나게 되어 있다.

성공하는 사람은 행복한 마음이 드러나는 긍정적 표정을 지니고 있다. 이들의 얼굴에는 언제 어디에서나 미소와 온기가 배어 나온다. 내면의 가치가 향기처럼 밖으로 우러나오는 것이다. 행복해지려면 행복한 사람들과 어울려야 한다는 말이 이 때문이다.

또한 성공하는 사람은 말씨도 다르다. 언제나 희망과 기대감이 묻어나온다. 자신을 이미지 메이킹하는 일은 겉만 번드르르하게 꾸미는 것이 아니다. 기본적인 마음가짐을 바탕으로 상대방을 대하는 태도를 가다듬는 것이다. 이런 과정을 거쳐 탄탄하게 계획된 첫인상은 다른 사람들에게 행복을 전이시킬 수 있는 선물이 된다. 점검해 보자. 나의 첫인상은 누군가에게 선물일까, 혹은 부담일까?

무조건 열심히 하지 마라

뼈대부터 세워라

일을 하다 보면 무엇을 우선순위에 두어야 할지 고심하게 된다. 여기에 세 가지 기준이 있다. 첫째는 지금 급히 처리해야 하는 일인지, 둘째는 힘들고 어려운 일인지, 셋째는 다른 일과 연계되거나 시너지 효과가 발생하는 일인지 여부다. 이상의 세 가지를 기준으로 삼고 일의 우선순위를 매겨 보면 무엇을 먼저 해야 하는지 알 수 있다. 이렇게 일의 뼈대를 잡고 나면 나머지 일들은 자연스레 풀리게 되어 있다.

또한 일은 반드시 마감 시간에 맞춰 진행해야 한다. 스스로 마감 시간을 정해둔다는 것 자체가 이미 어떤 일을 하기 위해 정신적으로 긴장된 상태이며 준비된 상태라는 것을 뜻한다. 어떤 사람은 매일 야근을 해 많은 일을 하는 듯 보이지만 정작 중요한 일은 처리하지 못한다. 반면 여유 있게 퇴근하는 사람이라도 일을 잘하는 사람은 계획을 세워서 어렵고 중요한 일부터 처리해 버린다. 그러다 보니 시간 내 업무를 마치게 되는 건 물론 늘 해당 사안의 핵심을 틀어쥐고 있는 듯한 인상을 준다. 누가 유능한 사람으로 평가 받을까?

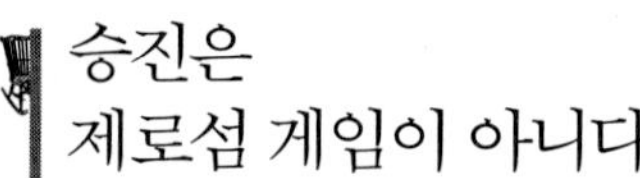

승진은 제로섬 게임이 아니다

직장인의 가장 큰 관심사는 바로 승진이다. 승진을 위해서는 승진할 만한 능력도 갖추고 있어야 하지만 '운'도 따라 줘야 한다. 적당한 시기에 자리가 나야 하기 때문이다. 그러나 운만 기다리고 있을 수는 없다. 흔히 승진은 다른 사람을 밟고 일어서서 살아남는 과정이라고 인식하는 경향이 짙다. 회사의 주요 직급 수는 한정되어 있지만, 그렇다고 그 자리에 앉은 이들이 누군가를 이겨서 올라간 것은 아니다. 주위를 긍정적으로 만드는 사람은 자신이 발버둥치지 않더라도 요직에 발탁될 수밖에 없다.

한편, 역으로 생각할 수도 있다. 상사가 빨리 승진하도록 힘을 보태면 어떨까. 자신이 하는 일이 상사에게 도움이 될 수 있도록 배려해 본 적이 있는가? 회사 생활은 한 사람이 살면 한 사람은 죽을 수밖에 없는 제로섬 게임이 아니다.

상사와 회사가 더 발전할수록 당신의 성공은 가까워진다. 일 잘하는 사람은 항상 회사가 무엇을 원하는지 알아내고, 문제가 던져지기를 기다리지 않으며, 알아서 방향을 모색한다. 또한 계획된 시간보다 앞서서 일을 마무리 지음으로써 팀 전체의 성과를 높인다. 이처럼 당신의 공로가 차지하는 비중이 커질수록 승진의 순간은 다가온다.

해마다 인사고과 시즌이 다가오면 불평불만이 늘어난다. 이런 때일수록 자신에게 부족한 점은 보이지 않고 남의 허물만 크게 보이기 마련이다. 자신의 능력이 과소평가됐다는 생각을 부정적인 방향으로 발전시키면 자포자기 상태가 되기 십상이다. 해고되지 않을 만큼만 적당히 일하면서 다가오는 위험을 피하기에 바빠진다. '만년 과장'이 되어서는 안 된다. 세상은 스스로 고민하고 노력하는 사람을 신뢰한다는 사실을 명심하라. 불평하기보다는 개척해 나가는 사람이 되어야 한다.

당신은 생각 타임이 있는가?

영구의 면접

당신은 하루 중 몇 시간이나 '생각'을 하는가? 매일경제신문에서 세계의 CEO들에 대한 강의를 연 적이 있었다. 강의를 들어 보니, 세계적 CEO에게서 한 가지 공통점을 발견할 수 있었다. 모두 '하루 한 시간, 생각의 시간을 가지고 있다'는 점이었다.

우리는 일상 속에서 생각을 하기보다 예전의 행동 패턴을 답습하는 경우가 태반이다. 시간이나 장소, 고객 입장의 변화 등을 돌보지 않고 말이다. 이런 상황을 비꼬는 한 유머가 있다.

영구가 면접을 보러 가서는 먼저 시험을 보고 나온 사람에게 질문 내용을 물었다. 앞 번호 면접자가 보기에 영구는 경쟁 상대 축에도 끼지 못했으므로 실제 자신이 받은 질문을 모두 알려 주었다. "첫째 질문은 최근 잘 나가는 축구 선수가 누구인지, 둘째 질문은 산업혁명이 언제 일어났는지, 셋째 질문은 UFO가 있다고 생각하는지 면접관이 묻더군." 앞 번호 면접자는 이어서 말했다. "그래서 내가 답하기를, 박지성, 18세기, 있는 듯도 하고 없는 듯도 하다고 말했소."

그런데 하필 영구 차례부터 면접관이 바뀌며 질문이 달라졌다. 면접관이 물었다. "자네 이름이 무엇인가?" 영구가 답했다. "박지성입니다." 면접관이 물었다. "나이는?" "18세요." "자네 바보 아닌가?" "그런 듯도 하고 아닌 듯도 하네요."

우스갯소리지만, 이 이야기는 많은 점을 시사하고 있다. 우리는 일을 그르친 후에 흔히 "전에 이렇게 했기 때문에 그대로 했다"고 답한다. '영구' 같은 노릇이다. 질문, 즉 조건이 변했으면 이에 따라 새로운 답을 구하는 것이 당연한 일이기 때문이다. 스스로 생각하지 않으면 정해진 답에 매몰되기 쉽다. 답을 찾기 전에 먼저 질문부터 살펴라. 질문은 생각하는 과정에서 창조적으로 진화하며, 그에 따른 답도 이전에 없던 획기적인 것이 될 수 있다.

생각으로 운동하라

성공하는 사람과 성공하지 못하는 사람의 차이는 '과거를 답습하는가, 혹은 미래의 새로운 길을 개척하는가'에 있다. 어떤 문제를 겪고 있다면 평소에 습관적으로 하던 생각을 버리고, 문제의 본질이 무엇인지, 왜 이 문제를 해결하고 있는지에 대해 새로운 각도에서 고민해 봐야 한다.

이런 과정을 통해 '역발상'으로 성공한 재미있는 사례가 있다. 지금과는 달리 우주 탐사 사업이 막 시작되었을 무렵의 이야기다. 우주 연구원 사이에서는 풀리지 않는 난제가 하나 있었다. 우주 탐사선이 지구 궤도로 진입할 때는 엄청난 열이 발생하는데, 이 열 때문에 탐사선 안의 모든 물체가 녹아내리게 된다. 이대로라면 탐사선 안에는 절대로 생명체가 머물 수 없을 것이다. 그래서 모든 연구원이 '열에 녹지 않는 고강도 물질'을 찾아내기 위해 고심하고 있었다.

그런데 한 과학자가 '녹지 않는 물질이 아니라, 녹아내리더라도 그 속의 생명을 보호할 수 있는 물질을 개발하면 되지 않겠습니까?'라고 의견을 제시했다. 이 역시 새로운 각도에 따라 문제를 바라본 결과였다. 이후 연구소에서는 첨단 방열재 개발에 착수했고, 이에 성공하여 우주 탐사에 가속도를 붙일 수 있었다.

과학자가 평소 쌓아 온 생각의 힘이 위력을 발휘한 순간이었다.

이제 당신도 하루 한 번씩은 시간을 정해 놓고 생각의 힘을 기르는 습관을 들여 보길 바란다. 꿈꾸고, 계획하고, 고민하고, 생각하는 시간이 당신에게 놀라운 혜안을 선사할 것이다. 자기계발의 권위자 스티븐 코비 박사는 성공하는 사람의 습관 중 하나로 '생각의 단련'을 꼽는다. 특히 장기적인 성공을 위해서는 기도나 명상과 같은 활동이 도움이 된다고 하는데 이 역시 생각의 힘을 기를 수 있는 좋은 방법이다. 생각하는 자만이 성공할 수 있다는 사실에 유념하자.

승진 스펙이란 없다

마인드가
운을 부른다

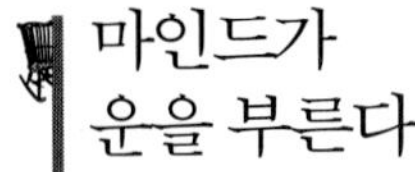

GE(제너럴일렉트릭)의 최연소 CEO였던 잭 웰치는 경영 파트가 아닌 생산·기술 직군에서 사회생활을 시작하였다. 기술자에서 진급한 그는 공장장이 되었고 더욱 리더십을 발휘해 결국 GE의 CEO가 되었다.

승진을 하기 위한 필수 스펙은 없다. CEO가 되겠다고 결심한 사람이 있다면 일명 '주요 부서'로 불리는 전략 기획 등의 부서를 반드시 거쳐야만 한다는 생각을 버려야 한다. 오히려 자기 자리에서의 치밀한 준비야말로 CEO의 자리로 입성하는 가장 곧고 빠른 길이 될 수 있다.

　나도 사원일 때는 줄곧 경리와 인사 업무만을 보았기 때문에 영업에 대해서는 잘 몰랐다. 하지만 다른 업무를 맡았을 때에도 항상 영업 마인드를 가지고 일을 하고자 노력했다. 일례로 경리 책임자로 있을 때는 거래처를 확대하고 이를 영업 부서와 연결해 주었다. 인사 부서에 있을 때도 조직에 영업 마인드를 어떻게 심어줄 것인가를 항상 고민했다. 그런 고민의 결과 외부 컨설팅을 받아 사업부제 조직과 팀장 조직을 개편하거나 신설했을 때, 회사의 체계적인 재편에 큰 기여를 하게 되었다. 이것이 인사고과에 유리하게 반영되었음은 물론이다.

CEO는 실적만 보지 않는다

　한편, 회사를 경영하는 입장이 되니 경영자 입장에서도 인사 문제가 쉽지 않다는 것을 느끼게 되었다. 경영자로서 제일 힘든 점은 바로 '조직을 잘 이끌고 리더로서 역할을 잘 수행하고 있는지'의 문제이다. 조직을 잘 이끈다는 말은 결국 적재적소에 어떤 사람을 어떻게 배치하느냐의 문제와 연결된다.

　막상 인사 시즌이 되면 누가 어느 요직을 거쳤는가의 문제보다는 결국 그 사람이 가진 능력과 성품, 리더십에 주목하게 된다. 자리의 문제가 어느 정도의 참고 사항이기는 해도, 본질적인 영향을 미치지는 못하는 것이다. 능력과 품성, 리더십을 갖춘 사람은 어느 곳에 배치해도 자기 몫을 할 뿐더러 부족한 면은 노력과 시스템의 힘으로 채워 가면 되기 때문이다. 잭 웰치의 경우처럼 말이다.

따라서 '승진을 위해 어느 부서를 노린다'는 생각은 버리는 것이 좋다. 보다 중요한 것은 열린 마음과 시각으로 전체를 꿰뚫으면서도 자기 자리에서 충실한 준비를 하는 자세다. 그것이 조직 전체가 필요로 하는 진정한 리더로 성장하는 길이다.

인맥은 금맥이다

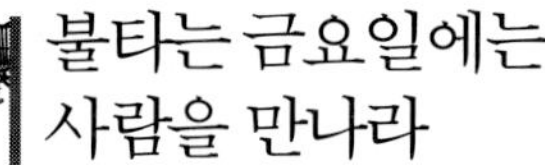

불타는 금요일에는
사람을 만나라

BMW코리아의 김효준 사장의 넓은 인맥에 대한 글을 읽은 적이 있다. '인맥은 관리의 대상이 아니라 진실한 만남을 유지하는 것이다'라고 말하는 김효준 사장은 조찬이나 점심을 절대 혼자 하는 법이 없다고 한다. 식사할 때는 상대방이 편안하게 느끼는 다른 사람과 함께 오기를 권하며, 특별한 저녁에는 가능하다면 상대의 부인까지 동석하기를 권한다. 부인끼리의 친분이 깊어지면 남편들의 친분도 깊어지게 되기 때문이다.

인맥의 중요성은 굳이 강조할 필요가 없을 정도다. 그러나 많은 사람들이 아직도 인맥 관리에 정성을 들이지 않는다. 이제부터는 매주 한 번씩 필요로 하는 사람을 만나보도록 하라. 가장 부담이 적은 금요일에 만나 식사나 차를 마시고 안부를 물어보는 것도 좋다. 주위에 항상 있는 사람보다는 가끔 만나는 사람이거나 거래처, 타 부서 사람이 좋다. 그 사람들이 결국 나를 도와주는 은인이 될 것이다. 나도 일주일에 다섯 명 이상을 만나려고 노력한다.

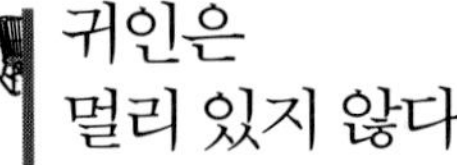

귀인은 멀리 있지 않다

회사에서 인천 일자리 박람회와 광명시 취업 박람회를 진행했던 적이 있다. 행사가 성공적으로 끝나 시장 및 몇몇 국회의원에게 감사의 인사를 들을 수 있었다. 이날, 우연히도 예전에 마주한 적이 있던 시 의장 한 분을 만나게 되었다. 너도 오래전에 만나 기억이 희미해질 정도였지만, 다음번 만남을 약속하는 등 반가운 인사를 나눌 수 있었다. 이렇듯 언제 어디서 내게 도움이 될 만한 사람을 만날지 알 수 없는 일이다. 귀인은 멀리 있지 않다.

결국, 우리가 하는 일은 모두 사람과 사람 사이의 일이며, 인

맥이 넓은 사람은 그만큼 다양한 인적 자원을 가지고 있다는 말
이다. 특히 자신과 다른 길을 걷고 있는 사람을 만나 두면 서로에
게 유익한 결과를 얻을 수 있다. 가지고 있는 지식과 배경이 다른
사람끼리의 만남은 새로운 아이디어를 창출하고, 각자에게 부족
한 부분을 보완할 수 있는 계기를 만들어 준다. 많은 사람을 만나
고 사귀어라. 일주일에 몇 명의 사람을 만나는지가 당신의 미래
를 바꾼다.

기억만으로 일하지 마라

천재들은 쉴 새 없이 메모한다

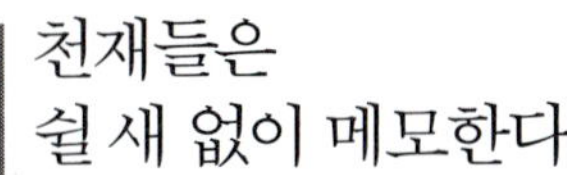

인간은 '망각의 동물'이다. 아무리 기발한 아이디어라도 적어 놓지 않으면 잊기 쉽다. 아는 것을 잘 활용하기 위해서는 메모하는 습관이 중요하다. 갑자기 생각나거나 꼭 알고 싶은 것이 있다면 메모를 하고 언제든지 꺼내 볼 수 있도록 해야 한다.

역사적 천재로 불렸던 300명의 인물을 두고 공통점을 찾는 조사가 진행된 적이 있다. 습관, 성격 등 여러 방면에서 조사해 보았지만 이렇다 할 만한 성과가 없었다. 그러던 중 마침내 한 가지 특성이 발견되었다. 바로 '메모'였다.

가곡의 왕 슈베르트는 입고 있던 옷에까지 메모를 남겼다고 한다. 덕분에 순간적으로 떠오른 아름다운 악상을 잊지 않고 남길 수 있었다. 에디슨 역시 철저한 메모광이었는데, 메모용 노트만 무려 3천 4백여 권에 이른다고 한다.

비즈니스의 세계에서도 메모는 유용하다. 故 이병철 회장 역시 메모하는 습관을 가지고 있었다. 이병철 회장은 언제나 아침 6시에 기상한 뒤 항목별로 일목요연한 메모를 했다고 전해진다. 또한 '한국의 빌 게이츠' 이찬진 사장의 주머니에는 메모지가 언제나 수북이 쌓여 있다고 한다.

메모지는 내비게이션이다

나도 예전에는 조그만 수첩, 큰 수첩 등을 용도별로 가지고 다녔는데, 이제는 스마트폰이 있어 메모하기가 참 편리해졌다. 강의를 듣거나 모임에 갔을 때 사진을 찍을 수도 있고 중요한 이야기를 적거나 녹음할 수도 있다. 또한 이동 중에도 메모를 손쉽게 할 수 있으며, 어떤 이야기를 할까 고민스러울 때는 그동안 기록해둔 메모를 힌트 삼을 수도 있다.

이처럼 수첩이나 스마트폰을 이용해 바로 실천이 가능하도록 메모하는 습관을 들이도록 하라. 연도별, 월별, 일별로 해야 할 일을 목록으로 만들어라. 메모는 당신이 과거를 되돌아보고 건설적인 미래를 계획할 수 있도록 도와줄 것이다.

아무 생각 없이 일을 하다 보면 내가 무슨 일을 했는지 잘 모르는 경우가 허다하다. 이럴 때 펼쳐 드는 메모는 정제된 아이디어의 산실이 되고 계획의 방향을 알려주는 내비게이션 역할도 해준다. 메모하라.

당신의 존재감을 프레젠테이션하라

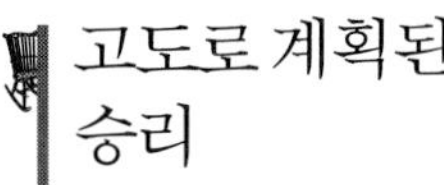

고도로 계획된 승리

주월 한국군 사령관을 역임한 재병신 상군을 아는가? 그는 혹독한 훈련을 시키는 장군으로 소문이 자자했다. 어느 날 그에게 '왜 그렇게 모진 훈련을 시키느냐'고 물었더니, 병사의 목숨을 전쟁터에서 아깝게 잃지 않기 위해서라고 대답했다고 한다.

이순신 장군은 한 번도 전쟁에서 패한 적이 없다. 그가 나섰던 50회의 전투 중 48회는 이순신 장군이 우세한 싸움이었다. 그러나 나머지 두 번의 전투는 겨우 13척의 배로 103척의 적선을 격파해야 하는 불가능한 싸움이었다. 이런 악조건에서도 그가 승리할 수 있었던 이유는 '이길 수 있는 전쟁을 했기 때문'이다. 이순신 장군은 사전에 모든 정보를 파악해 이길 수 있는 전투에만 참여하고, 무리라는 판단이 설 때에는 준비하는 시간을 두어 병사를 훈련시키며 무기를 만드는 일에도 힘썼다.

최근 많은 기업에서 직원 발표 시간을 갖고 있다. 보통은 매주 발표자가 정해진 시간 동안 프레젠테이션을 하는 방식으로 진행된다고 한다. 이런 경험을 해본 사람이라면 준비하고 연습하는 만큼 결과가 나온다는 것을 알았을 것이다.

당신의 음성을 믿어라

전쟁에 나가기 전의 고된 훈련만큼 승리에 가까이 가는 길도 없다. 그만큼 발표 연습은 치열해야 한다. 또 발표의 장이 열릴 때마다 적극적으로 참여하겠다는 의지가 필요하다. 전쟁터를 무서워하는 병사는 살아남기가 힘들다. 두려움에 몸이 굳기 때문이다.

다른 사람에게 자신의 의견을 정확히 전달하는 것은 매우 중요하다. 내 직책이 무엇인지, 부하 직원이 하는 일은 무엇인지, 그것을 어떻게 하는지, 왜 하는지, 그리고 내가 책임지고 있는 것이 무엇인지를 다른 사람들에게 이야기하면서 회사는 물론 자기 자신도 발전할 수 있기 때문이다. 업무 중에 생기는 문제들의 대부분은 기본적인 의사소통이 제대로 이루어지지 않아 생기는 경우가 허다하다. 개인과 개인, 부서와 부서 간의 오해가 생기면 '그때는 분명 그렇게 들었는데' 하고 기억을 되짚어 보지만 이미 잘잘못을 따지는 것은 부질없는 일이된다. 좋은 생각을 하는 것도 중요하지만 그것을 다른 이들에게 정확히 전달하는 소통의 힘도 틈틈이 단련하는 것이 좋다.

나도 매주 월요일마다 회사 직원들에게 이야기하는 시간을 갖고 있다. 나 역시 매주의 발표가 여간 신경 쓰이는 게 아니다. 그러나 이야기의 소재를 찾다 보니 보는 눈이 넓어지고 경영을 위한 아이디어를 찾아내는 데도 큰 도움이 됐다. 좋은 발표를 하려면 그만큼 다양한 공부를 해야 하고 각종 재능이 계발되는 것이다.

훌륭한 발표는 당신에게 명성을 가져다 줄 것이며, 다른 사람들과 친해질 기회를 제공하고, 인맥이 형성될 수 있게 도와준다. 또한 이를 통해 영향력을 끼칠 수 있는 강력한 집단을 창조하게 된다. 자신감 넘치고 확고한 의견의 전달자인 당신은 동료들로부터 중요한 존재로 받아들여질 것이다.

상사는 **침묵**으로도 **말**한다

당신은 나의 멘토입니까?

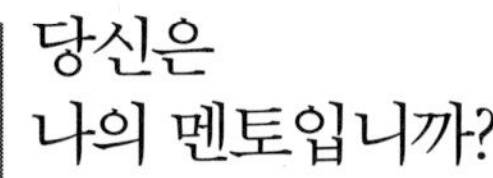

예전에 직장 생활을 할 때, 직속 상사 때문에 힘들었던 시기가 있었다. 그는 주말마다 낚시나 테니스를 가자고 불러냈고, 내가 회사 생활을 하면서 대학에 다니는 것을 매우 못마땅하게 여겼다. 그 때문에 승진도 늦어졌고 다른 자회사로 자리까지 옮겨야 했다. 몇 년이 지난 후 그 상사와 일부 직원이 회사의 공금을 횡령하는 사건이 일어났는데, 내가 본사에 급히 들어가 사태를 수습한 결과 사원에서 바로 과장으로 승진하게 되었다. 내게는 전화위복이 된 경우지만 어쨌든 좋은 상사를 만나기란 그만큼 어렵다.

선배, 상사, 스승 중에 기억에 남는 사람은 누구에게나 손가락으로 꼽을 정도일 것이다. 특히 언제나 찾아갈 수 있으며 멘토로 섬길 수 있는 스승은 더욱 흔치 않다. 이런 스승을 만난다면 인생의 전기가 새롭게 마련될 수도 있다. 그를 닮고 벤치마킹하려는 시도 속에서 그의 장점을 고스란히 흡수할 수 있기 때문이다. 그런데 멘토에게도 단점이 있다. 멘토를 닮으려다 그의 단점까지 그대로 취하는 일을 경계해야 한다. 자신이 가진 본연의 개성과 멘토의 자극이 더해졌을 때 진정한 자기계발이 이루어진다. 멘토를 통해 멘토 이상이 되는 것이다. 청출어람이란 말이 생긴 연유도 여기에 있다.

누군가의 멘토가 된다는 것

훌륭한 스승과 상사에게는 몇 가지 공통점이 있다.

1. 소리치며 야단치지 않고, 적절하게 칭찬한다.

2. 도전적이고, 적절한 목표를 제시할 줄 안다.

3. 혹독한 심판, 공개적 비난, 관료적 절차 없이도 부하 직원을 정

직하게 성장시킨다.

사실 어떤 이는 조금 특이하고 변덕스러우며, 때로는 사소한 부분까지 간섭하기도 한다. 그렇다고 해도 이런 조언을 잘 새겨들을 수 있도록 열린 마음을 가져야 한다. 누구나 장단점은 있으며, 중요한 것은 장점을 배우겠다는 입장이기 때문이다.

당신이 경력을 쌓기 시작하는 초입부에 서 있다면 다른 어떤 노력보다 먼저 훌륭한 멘토를 찾는 데 집중하라. 아무리 힘든 부서라 하더라도 그런 멘토가 있는 곳이야말로 당신이 있어야 할 곳이다. 급여나 근무 여건보다 훨씬 중요한 것이 바로 멘토의 존재 여부이기 때문이다.

관찰하라. 모방하라. 그리고 창조하라. 당신은 분명 그보다 뛰어난 사람이 될 수 있다. 당신도 어느새 뛰어난 멘토로서 누군가에게 열망의 대상이 되어 있음을 깨닫게 될 것이다.

영업이 **꽃**이다

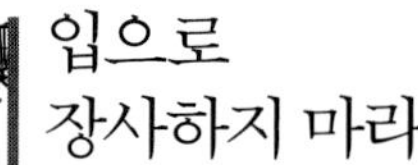 입으로 장사하지 마라

지금 우리는 어려운 시기를 보내고 있다. 물에 빠진 다음에 물에서 나오려면 엄청난 힘이 들지만, 사전에 준비한다면 좀 더 나을 수 있다. 물론, 처음부터 물에 빠지지 않는 것이 제일 좋은 방법이리라.

불황일수록 난관에 봉착하지 않도록 사전 준비를 잘 해야 한다. 영업 사원은 특히 다른 사람과 구별되는 나만의 영업 노하우를 찾아야 한다. 흔히 생각하는 외향적 성격, 좋은 입담만으로는 경쟁력이 없다. 고객의 마음을 얻기 위해서 아래의 내용을 명심하도록 하자.

1. 욕구를 분석하라.

   상품을 구매할 고객을 확보하기 위해서는 기존의 고객을 분석해야 한다. 핵심 문구가 되었던 키워드를 분석하면 고객이 무엇을 원하고 어떤 부분에 끌리는지를 발견할 수 있다. 핵심 타깃을 먼저 설정하고 타깃의 인적 사항, 성격, 관심 상품에 대해 상세히 조사를 해보라.

2. 만족감을 극대화하라.

   명동의 어느 라면 가게는 다른 가게에서 라면에 달걀을 넣을까 말까 고민할 때 달걀을 한 개 넣을지, 두 개 넣을지 고민하여 사업을 확장할 수 있었다. 라면에 들어가는 달걀이야말로 고객이 가장 민감하게 서비스의 질을 측정하는 요인이라는 점을 간파한 것이다. 이렇게 경쟁자가 생각하지 않은 서비스로 고객을 만족하게 해야 한다.

3. 결정한 일에는 흔들리지 마라.

   흔들리지 않는 마음은 자신감에서 비롯된다. 자신감이 생기면 위기 대처 능력이 좋아지며 시련이 닥쳐오거나 슬럼

프에 빠졌을 때 이길 수 있는 원동력이 된다. 사회와 고객
에게 득이 된다고 생각하면 머뭇거리지 말고 흔들림 없이
추진해야 한다.

4. 문자, 편지, 전화로 먼저 다가가라.

정성이 담긴 메시지는 고객에게 강렬한 인상을 남길 수 있
다. 고객은 자신을 소중하게 생각하는 영업 사원을 기억하
고 그를 다시 찾는다. 가능하면 다른 영업 사원과는 차별
화된 메시지를 던져라.

5. 주문서는 두 번 확인하라.

의사소통에 문제가 생겨 주문에 오류가 생기는 일은 생각
보다 비일비재하다. 믿음을 준 곳에서 처리 과정에 오류가
생긴다면 고객이 느낄 실망감은 이만저만이 아닐 것이다.
이럴 때를 대비하여 빠진 내용은 없는지, 잘못 표기된 내용
은 없는지 주문 사항을 다시 한 번 확인하기 바란다.

6. 고객을 기다리고 준비하라.

영업에 의한 판매 중 단 25퍼센트만 고객의 요청에 의해
이루어지고, 75퍼센트는 4번 이상의 상담 후에 이루어진

다. 또한 고객의 90퍼센트는 주문을 달라고 요구하지 않아도 구매를 결정하며, 판매를 위한 미팅의 95퍼센트가 영업이 아닌 일상적인 대화로 진행된다. 그러므로 지속적이고 확고한 영업 사원이 되기 위해서는 별도의 경쟁보다는 고객과의 더 많은 대화, 깊은 친목에 노력을 기울여야 한다.

사람을 읽는 **일곱** 가지 **방법**

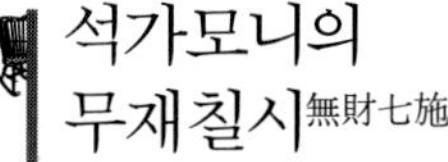

석가모니의
무재칠시無財七施

당신은 사람을 볼 때 무엇을 가장 먼저 보는가? 나는 눈빛 부터 본다. 일을 해낼 사람을 고르는데 좋은 기준 일곱 가지가 있다. 바로 '무재칠시無財七施'다.

한 사람이 석가모니를 찾아가 물었다고 한다. "제가 하는 일마다 잘되지 않는 이유가 무엇입니까?" 석가모니가 답했다. "남에게 베풀지 않기 때문이다." 그러자 그는 "제가 빈털터리인데 무엇을 베풀 수 있다는 말씀이십니까?"라고 반박했다. 그러자 석가는 "그렇지 않다. 아무리 가진 게 없는 자라도 일곱 가지는 베풀 수 있다"고 말했다. 이 이야기 속의 일곱 가지가 바로 무재칠시다.

무재칠시의 첫째인 '안시眼施'는 눈에 생기가 있고 힘이 있어야 한다는 뜻이다. 둘째는 '언시言施'로 말을 할 때 부정적이고 과거에 대해서만 말하는 사람보다, 긍정적이고 미래에 대한 희망을 이야기하는 사람이 성공한다는 뜻이다. 셋째는 '화안시和顔施'로 환한 얼굴로 항상 세수하고 반듯하게 머리를 빗는 사람을 말한다. 밝은 안색만으로도 우리는 주변에 편안함을 줄 수 있다. 넷째는 '심시心施'다. 겉모양보다 더 중요한 것은 따뜻한 마음으로 상대방을 대하는 것이라는 뜻이다. 다섯째는 '상좌시牀座施'로 좋은 자리를 상대방에게 양보하며 배려하는 마음을 잊지 않는 것이다. 여섯째는 '신시身施'로 누군가가 질문을 해올 때 친절히 잘 가르쳐주고 짐이나 무거운 물건을 대신 들어주는 매너 있는 자세를 말한다. 마지막 '찰시察施'는 적극적이고 자신 있게 남을 설득하며, 들을 때도 상대방의 이야기에 귀 기울여 분위기를 화춤북돋아 주는 것을 말한다. 남의 말을 경청하는 사람만이 상대의 속을 헤아려 베풀 수 있다.

위의 일곱 가지 조건을 갖추고 자신감을 가지며 일을 실행했을 때 모든 일이 성사될 것이다. 그렇게 되면 주위에 사람이 모이게 되고 행복해지며 리더가 될 수 있다. 여러 사람을 행복하게 해줄 수 있는 사람이 되고, 상대가 자신의 잘못을 지적했을 때 겸허히 받아들여 이를 고치도록 노력해 보면 어떨까? 분명 멋진 사회인이 될 수 있을 것이다.

위의 일곱 가지 조건을 갖추고 사람을 대하면 인간관계의 실패를 예방할 수 있을 것이다. 내가 남을 보는 시선뿐만 아니라, 남이 나를 보는 방법까지 깨우치니 보다 진중하고 겸손한 태도를 갖출 수밖에 없다. 석가의 칠시를 행하는 일이야말로 사람을 행복하게 하고 그 속에서 리더가 되는 지름길임을 명심하자.

의사소통, 업무의 혈액순환

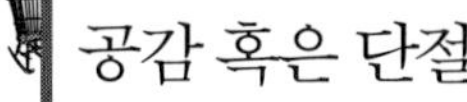 공감 혹은 단절

'의사소통'이 얼마나 힘든지는 모두가 알 것이다. 내가 생각하는 바를 남에게 전달하기만 하면 되는데 좀처럼 쉽지가 않다. 최근에는 기존 멘토링과 달리, 상관이 멘티가 되는 리버스 멘토링이 유행하고 있다. 부하가 상관에게 SNS 등을 가르쳐 줌으로써 상사는 젊은 직원들의 문화를 쉽게 배울 수 있고, 부하 직원은 자기 목소리가 받아들여진다는 것에 만족감을 느끼게 된다고 한다. 무엇보다도 서로의 위치를 바꿔 입장을 이해해 보게 되고 이로써 의사소통을 원활히 할 수 있기 때문에 이 제도가 각

광 받고 있다고 생각한다.

이처럼 우리는 의사소통에 매우 많은 시간과 노력을 투자한다. 그렇다면 어떻게 해야 '의사소통'을 잘할 수 있을까? 상대방의 말을 잘 듣는 것도 중요하지만 상대가 잘 알아들을 수 있는 말을 하는 것이 우선이다. 타고난 언변이 좋은 사람들도 있지만 대부분의 사람들은 습관적으로 특정 단어를 반복하거나 정확하지 않은 문장을 구사하는 경우가 많다. 이렇게 한 번에 이해할 수 없는 모호한 말로 소통하게 되면 십중팔구 상대방이 구체적인 의미를 되묻게 된다. 직장인이라면 자신의 생각을 A4 용지 한 장으로 설명할 수 있을 만큼 간단명료하게 정리하여 의사소통하는 법을 알아야 한다.

공감대 형성
5계명

의사소통을 할 때는 무엇보다도 '상대방과의 공감대 형성'이 중요하다. 고객과의 의사소통은 말할 것도 없다. 공감대를 형성하기 위해서는 첫째, 상황을 잘 파악해야 한다. 상대방이 내 이야기를 들어 줄 만한 상황에 처해 있는지 확인해야 한다. 둘째, 덕이 되는 이야기를 해야 한다. 셋째, 비교를 할 수 있도록 해야 한다. '그렇게 할 때보다는 지금이 이런 점에서 더 낫다'는 식으로 말해야 한다. 넷째, 약간의 위협을 주어야 한다. '지금 사지 않으면 가격이 더 오른다'는 방식을 뜻한다. 마지막으로, 액션을 취해야 한다. 세일즈맨이라면 물건을 다 팔고 난 후에 꼭 명함을 주며 언제든지 바꾸러 오라고 이야기함으로써 상대를 안심시켜야 한다는 것이다.

이처럼 공감대 형성을 하고 나면 본격적으로 상대방과 의사소통을 하기 위해 다음을 고려해야 한다. 첫째, 내가 이야기하거나 메일을 보내는 것이 정당한가, 상대가 이것을 받고 제대로 이행할 수 있는가 확인한다. 둘째, 목적이 분명한지 확인한다. 셋째, 가능하면 간단한 방식을 취한다. 넷째, 전할 말을 잘 정리해 본다. 다섯째, 초안을 미리 잡고 이야기해야 한다. 여섯째, 마지막까지 편집을 잘해야 한다.

의사소통을 잘하기 위해서는 신중해야 하며 상대의 지식 수준을 감안해야 한다. 3시간 생각하고, 1시간 글로 쓰고, 그 후에 이야기해야 한다는 말이 있듯 신중함이 무엇보다 중요하다. 당신도 스스로 회사의 문화를 잘 이해하고 살펴봄으로써 의사소통의 첫걸음을 시작해 보기 바란다. 상대에게 안 된다고만 하지 말고, 잘 될 수 있도록 본인이 먼저 대화를 열어간다면 직장 생활을 더 즐겁게 할 수 있을 것이다.

하루 한 시간의 무서운 효과

시간을 경영하라

학부모를 대상으로 '자녀를 훌륭하게 키우려면 무엇을 해야 할지'를 조사한 적이 있다고 한다. 1위는 '시간 관리를 가르친다'는 답변이었다. 학교에서도 생기발랄하고 자신감 있게 행동하는 아이와 그렇지 못한 아이가 있다. 자신감 있는 아이는 항상 아침 일찍 일어나 준비하는 아이다. 우리 주변의 리더 역시 일찍 일어나는 사람이 대부분이다.

아이를 훌륭한 리더로 키우려면 무엇보다 시간의 소중함과 시간 관리의 방법을 일깨워 주어야 한다. 아침 7시에 일어나야 하는 아이를 두고 7시 정각에 깨우려다 보면 아이가 10분, 15분씩 늦장을 부리기 마련이다. 이때부터 아침이 허둥지둥 바빠진다. 학교에 급히 가려니 숙제도 잊어버리고 불안과 초조함에 쫓기는 일상이 되어 자신감이 사라진다.

그렇다면 우리가 시간을 잘 활용하기 위해서는 어떻게 해야 좋을까? 어떤 비서는 회장과의 약속이 있는 때면 반드시 30분 전에 나와 스케줄 장소를 둘러보며 사전 점검을 한다고 한다. 당신도 모임에 나가야 할 때는 최소한 10분 전, 세미나에 참석해야 할 때는 최소한 30분 전에 도착해 보라. 미리 도착해 그날의 논의 주제와 교재 등을 살피며 어느 자리에 앉을지 고심하다 보면 훨씬 적극적으로 모임에 참여하게 된다.

잭 웰치의 45분

직장 생활에서도 마찬가지다. 너무나도 유명한 CEO 잭 웰치는 자신이 기술자 출신이라 관리에 대해 잘 모른다고 생각했다. 이 때문에 매일 아침 45분 전에 출근하여 경영 공부를 했다고 한다. 당신도 리더가 되고 싶은가? 그렇다면 잭 웰치의 비결을 실천해 보기 바란다. 우리 주변에도 항상 일찍 출근하는 사람들이 있다. 어디에 가서도 큰일을 해낼 사람들이라고 생각한다.

아울러 퇴근 시간 엄수도 매우 중요한 일이다. 언제나 정시를 넘겨 느지막이 퇴근하는 사람이 있다. 이런 사람은 이미 버릇이 들어버렸기 때문에 특별한 문제가 없어도 항상 늦게 퇴근한다. 너무 늦게까지 남다 보면 다음날 피로가 몰려 업무 집중도가 떨어지게 되고 다른 사람의 업무에까지 지장을 주기도 한다. 웃음이 전염되는 것처럼 피로도 전염이 되기 때문이다. 하품을 하는 사람을 본 후 자신도 모르게 하품이 나온 경험이 있지 않은가? 우리는 언어뿐만 아니라 에너지로도 소통을 한다.

예전에 알던 한 상사가 있다. 그는 일도 없으면서 매일 늦게까지 책상에 앉아 있다가 술을 마시러 나가는 일이 빈번했고, 다음날은 지각하기 일쑤였다. 이런 상사와 매일 술을 먹어야 하는 부하 직원들의 분위기가 좋을 리 없다. 결국 견디다 못한 부하 직원 몇몇이 두 손을 들고 퇴사하고 말았다.

결론적으로 말하면 출근은 45분 빠르게, 퇴근은 15분 늦게 하라. 아침에는 자기계발을 하고, 저녁에는 그날의 반성과 내일의 준비를 위해 하루 업무를 정리한다면 직장인으로서 시간을 훌륭히 관리하고 있다고 할 수 있다. 아침 45분, 저녁 15분을 더하면 하루 한 시간이다. 하루 한 시간이 모이면 1년 동안 250시간이 된다. 이 시간이야말로 당신의 경쟁력을 키워 줄 소중한 시간이다.

책은 인생의 보약이다

책 한 권이 바꾼 삶

춘추전국시대 말에 있었던 일화다. 어느 젊은이가 외나무다리에서 남루한 영감님을 만났다. 영감님은 어쩐 일인지 자신이 신고 있던 짚신을 강물에 떨어뜨리더니 청년에게 가져오라고 시켰다. 청년은 이상하다고 생각하면서도 어르신이 시킨 일이기에 군말 없이 가져왔다. 영감님은 이것으로도 모자라 신을 신기라고까지 했다. 청년은 이번에도 그의 말을 고분고분 따랐다. 청년의 모습을 쭉 지켜본 영감님은 참으로 쓸 만한 젊은이라고 하면서 몇 날 며칠 새벽에 이 다리에서 다시 만나자고 한 뒤 길을 떠났다.

　청년은 반신반의했지만 영감님과의 약속을 지키기 위해 제 날짜에 외나무다리로 갔다. 그곳에는 영감님이 먼저 나와 기다리고 있었다. 영감님은 왜 먼저 와 있지 않았느냐며 호통을 치고 다른 날 다시 만나자며 떠났다. 다음날 젊은이는 자정이 갓 넘은 1시경에 외나무다리로 갔고 3시경에 도착한 영감님은 흡족해하며 젊은이에게 책 한 권을 주었다. 영감님은 "네가 이 책을 읽으면 십 년 후 큰 나라의 지휘관이 될 수 있을 것이다"라고 말했다.

　이 책이 바로 강태공의 『육도삼략』이며, 이 이야기에 나오는 젊은이는 십 년 후 유방 밑에서 2인자이자 전략가가 되어 대륙의 통일을 이룩하는 데 큰 기여를 하게 될 장량이다. 노인의 시험에 수차례 통과해 어렵사리 받은 책 한 권이 한 젊은이의 인생을 통째로 바꾸었다고 할 수 있다.

일주일에 한 권, 10년 후를 빛낸다

　나도 어릴 적부터 책을 참 좋아했다. 특히 이순신, 링컨 등의 전기를 많이 읽었다. 어렴풋하지만, 그때부터 국가와 사회를 위해서 헌신하는 위인의 이야기에 매료되었던 듯하다. 한편 피터 드러커는 내가 사회생활을 하면서 가장 많이 접하고 있는 학자다. 그의 책은 처음에는 어렵게 느껴질 수도 있지만, 조금만 집중해서 읽다 보면 시대 변화상을 예리하게 짚어내는 통찰력에 놀라움을 금치 못하게 된다.

이랜드의 박성수 회장은 병상에서 100권의 책을 읽으며 이랜드를 창업하겠다는 결심을 했다고 한다. 얼마 전 타계하신 박완서 소설가도 그저 평범한 주부의 삶을 살다가 우연히 얻은 책 한 권으로 글쓰기를 결심했다고 한다. 나 역시 30여 년 전에 읽은 책 덕분에 나의 목표를 만들고 사업을 하겠다고 결심하게 되었다. 이처럼 책은 많은 이들에게 결심의 계기가 되고 영감의 원천이 된다.

옛말에 '똑똑한 이는 혼자 습득해 먹고 살며, 지혜로운 이는 다른 사람의 경험까지 제 것으로 만들어 산다'는 말이 있다. 지혜로운 이가 되기 위한 최고의 방법은 바로 '독서'다. 빌 게이츠, 워런 버핏 등 성공한 이는 모두 독서광이었다. 어렵더라도 일주일에 한 권은 꾸준히 읽기를 시도해 보라. 생활 계획표를 만들어 하루에 두 시간은 자기 분야에 대한 책, 잡지, 인터넷 기사를 꾸준히 보라. 10년 후에는 완전히 다른 세계가 펼쳐지게 된다.

물과 거름이 나무를 울창하게 하듯이 책이야말로 정신세계를 풍요롭게 해준다. 우리 회사에서도 매달 독서 모임을 통해 한 달에 한 권 좋은 책을 읽고 토론한다. 책을 읽을 때에는 그저 읽기만 하지 말고 꼭 메모하는 습관을 가지길 바란다. 법정 스님 역시 책을 읽을 때 중요한 부분은 두세 번 줄을 긋고 자기 것으로 만들었다고 했다. 한 줄을 읽더라도 무엇을 읽고 있는지 생각해 보고 자신에게 도움이 될 수 있는 내용을 찾길 바란다.

보는 이가 없을 때 길이 열린다

생산직 사원의 우상, 윤생진 상무

금호그룹의 윤생진 상무는 가히 전설적인 존재로, 모든 생산직 사원의 우상이다. 그는 생산직 출신이라는 한계를 딛고 무려 일곱 번의 특진을 거쳐 금호그룹의 상무가 되었다. 그가 생산 현장에 고졸 기능 사원으로 배치될 무렵의 일이다. 인사과에서 "당신의 꿈이 무엇입니까?"라고 묻기에 그는 "부장이 되는 겁니다!"라고 답했다. 모두가 비웃었지만, 이유를 알 수 없었다. 나중에 알고 보니, 기능직 출신 중에서는 부장은 고사하고 주임조차 된 적이 없었다.

그러나 윤생진 상무는 포기하지 않았다. 그는 '최고가 아니면 죽음이다'는 각오로 공부하고 아이디어를 냈다. 모두가 불가능하다고 여기던 승진의 꿈을 그는 16년 만에 이뤘다. 그동안 윤생진 상무는 1만 8600건의 아이디어를 제안해 '금호제안왕', '전국제안왕'의 영예를 얻었으며, 대통령상 5회, 사장 표창 52회의 진기록을 세웠다. 그리고 남들은 한 번 이루기도 힘들다는 특진을 일곱 번이나 해냈다.

이런 그를 눈여겨본 사람이 있었다. 금호그룹의 박성용 회장이었다. 박 회장은 윤 상무를 모범으로 삼겠다며 공장에 기념으로 나무를 심기도 했다. 박 회장은 종종 윤 상무를 불러 술자리를 갖고 직접 안주를 챙겨 주기도 했다고 한다. 더욱 분발하라는 메시지였다.

이렇듯 그가 상무 자리에 오르기까지의 여정을 숫자로만 보자면 화려하기가 그지없다. 그러나 그 이면에는 윤 상무가 홀로 견뎌낸 고독한 싸움이 있었다. 한 번은 그가 제안한 아이디어 때문에 대량의 불량이 발생했고 그는 경위서를 써야 했다. 그 뿐만 아니다. 주변의 시기와 질투 속에서 마음고생을 해야 했던 나날도 적지 않았다. 또한 윤 상무는 이제껏 하루 네 시간 이상을 자 본 적이 없고 드라마를 10년 이상 보지 않았다고 한다. 모두 자기계발을 위해서다.

고독, 성공의 열쇠

누구나 자신은 열심히 일한다고 생각한다. 하지만 중요한 것은 '열심히 그리고 고독하게 연습하는 것'이다. 겉으로만 노력하는 사람, 남들만큼만 하면 된다는 사람보다는 보이지 않는 곳에서 혼자 묵묵히 일하며 준비하면 성공에 더 가까워지는 법이다.

박세리, 최경주, 김연아, 이승엽 같은 선수들도 '열심히, 그리고 고독하게 홀로 연습'했기 때문에 지금의 자리에 올 수 있었다. 나 역시 회사를 경영하면서도 대학원에 입학해 공부했는데, 그 모두가 현재의 나를 만드는 자양분이 되었다. 이런 고독한 연습을 마치고 나면 우리는 비즈니스 전쟁에서 정신적으로 무장된 자신을 느껴 어떤 일이 닥쳐도 강인하게 해결할 수 있는 방법을 깨우치게 된다.

또한 고독과 친숙해진 사람의 특징 중 하나가 '다른 사람이 하기 싫어하는 일도 묵묵히 처리한다'는 것이다. 아무도 없을 때 화장실을 정소하고, 쓰레기를 줍고, 정리 정돈을 하는 동료를 보면 당신은 어떤 생각을 하겠는가? 하기 싫어하는 일들을 남이 보지 않을 때 스스로 하는 동료가 있다면 한번 유심히 지켜보라. 그는 분명 자기계발을 위해 드러나지 않은 곳에서 피나는 노력을

쏟고 있을 것이다. 그만큼 그에게는 성공의 길이 더 활짝 열려
있다.

일본 후쿠다의 야나가와 지방에 가면 명물 호수가 하나 있다.
예전에는 물이 잘 흐르지 않아 냄새가 많이 나는 호수였다고 한
다. 이 때문에 한 공무원이 시청에 청소 방법을 제안했으나 거절
당했다. 그 공무원은 혼자서 수로를 개발하고 몇 년이나 청소했
다. 어느덧 그를 지켜보던 동료들도 나서기 시작했다. 그의 노력
덕분에 호수는 깨끗해졌고 지금은 인기 있는 뱃놀이 명소가 되
었다고 한다. 그 공무원이 자신이 보낸 고독한 시간에 대한 보상
을 받았음은 물론이다.

당신이 힘겹게 여겼던 끝없는 시간이 흐르고 나면 그 시간들
은 당신을 있게 한 소중한 자산으로 기억될 것이다. 그 시간 동안
뼈저린 고독을 느낀다고 해도 결코 두려워하지 마라. 남들이 가
지 않는 길을 걷는 사람에게 고독은 숙명이다.

2장

누구에게나 필살기는 있다

기회는 언제나 위기와 함께 온다

새끼 호랑이처럼 배워라

담력도 노력이다

어릴 때 내가 살던 시골에서 조금 떨어진 마을 숲 속에는 마을 신을 모시는 사당이 있었다. 사당은 마을의 나쁜 기운은 없애고 좋은 일만 있게 해 달라며 신에게 제사를 지내는 곳이다. 마을에는 사당에 붙은 종이를 떼어다 글씨를 쓰면 공부를 잘하게 된다는 소문이 있었다. 아마도 한밤중에 그곳까지 찾아가 종이를 떼어 낼 정도의 열의라면 공부도 열심히 하리라는 데서 생긴 소문이었으리라.

어느 날 어머니께서 내게 그 종이를 떼어 오라고 하셨다. 처음에는 너무 무서워 귀신이 나타나 나를 죽일 것만 같은 공포감에 겁이 나 등줄기에 식은땀이 줄줄 흘렀지만, 나중에는 이 동네 저 동네를 다니며 종이를 떼었던 기억이 난다. 아마도 어머니는 위로 누나밖에 없는 내가 나약하게 자랄까 봐 담력을 키우기 위해 그런 일을 시키셨던 듯하다. 그런데 어릴 때의 그 경험이 커 오면서 자립할 수 있는 힘의 원천이 되었다고 생각한다. 한번 혹독한 경험을 한 뒤에는 웬만한 일에는 흔들리지 않고 더 큰일에 도전할 수 있기 때문이다.

바닥까지 가보라

'무타르 켄트'도 그런 혹독함을 이겨 낸 사람이다. 무타르 켄트는 코카콜라 컴퍼니의 현 CEO로, 1978년 코카콜라 애틀랜타 영업소에 입사하며 코카콜라와의 인연을 쌓기 시작한다. 그는 회사 내에서 다양한 업무를 맡던 중 상사에게 '동부와 중부 유럽 부문 경영을 맡아보라'는 권유를 받는다. 일생일대의 기회였다. 켄트는 본사에 자금 지원을 요청하며 적극적이고 공격적인 경영 정책을 펼친다.

1995년, 켄트는 코카콜라 아마틸의 유럽 담당 이사직을 맡게 된다. 코카콜라 아마틸은 코카콜라 보틀링 회사들을 총괄하는 곳이다. 그러나 이곳은 그에게 불운의 자리였다. 주식 매매 의혹과 연루된 켄트는 모든 책임을 지고 코카콜라를 떠나겠다고 밝혔다. 그는 이스탄불에 본사를 둔 음료회사 에페스 그룹으로 이직한다. 켄트는 지난날을 속죄라도 하듯 열심히 일했다. 덕분에 에페스 그룹은 런던 증시 상장, 이익 3배 증가, 시장 자본 가치 250퍼센트 성장 등의 성과를 얻었다.

2005년, 코카콜라는 켄트에게 다시 돌아오라는 메시지를 보냈다. 코카콜라로 돌아온 켄트는 인터내셔널 영업 회장 등을 역임하며, 일본 시장 내 코카콜라 판매량을 2배로 늘리는 업적을 달성했다. 경력상 너무나도 치명적인 사건을 겪고도 참고 견디었기에 가능한 재기였다. 켄트 회장은 현재 코카콜라의 사업 규모를 2020년까지 2배로 키우겠다는 '비전 2020'을 진행 중이다.

누구나 회사를 다니며 이런저런 혹독한 경험을 하게 마련이다. 처음에는 누구나 힘겨워하며 내가 왜 이런 일을 겪어야 하는지 이해하지 못한다. 원망도 하늘을 찌를 듯하다. 하지만 거기서 주저앉아서는 안 된다. 시련의 시간을 단련의 계기로 삼아 이겨냈을 때 거짓말처럼 경이로운 보상의 순간이 찾아오기 때문이다. 그 경이의 순간에 거인처럼 성장해 있는 자신을 발견할 수 있을 것이다.

내면의 포커페이스가 되라

'버럭' 하셨습니까?

풀거나, 내거나, 돋우거나, 치밀거나, 몹시 못마땅하거나 언짢아서 나는 성을 뜻하는 말, 화. 그런 화와 떨어질 수 없는 존재가 바로 인간이다. 화는 하루에도 몇 번씩 욱하며 올라왔다가 다시 식고는 한다. 제대로 화를 내지 않고 참는 사람을 만나면 성격이 좋다는 칭찬을 하기도 하지만, 한편으로는 화도 못 내는 사람이라며 만만하게 보기도 한다. 정말 화를 내지 않고 참으면 만만한 사람이 되는 것일까?

누군가는 화가 날 때 시원하게 화를 내는 게 정신 건강에 좋다고 주장한다. 정신 건강을 위해서 화를 내라는 것이다. 물론 모든 화를 다 참을 수도 없거니와 참기만 해서도 안 된다. 그러나 화를 낼 때는 10초만 더 고민한 후에 내도 늦지 않다. 상대의 말이나 행동이 끝나자마자 0.1초의 틈도 없이 욱하는 마음을 표현하고 성질을 내고 상대를 손가락질하는 것은 자신이 당황했음을 알리는 행동일 뿐이다.

故 정주영 회장은 항상 직원들에게 '담담하라'고 이야기했다. 갑자기 어떤 일이 발생해도 대담하게 대처하며 조금만 더 참고 신중히 생각하면 해결책이 나올 때가 많다. 훌륭한 관리자는 당황하지 않는다. 그들은 화를 내지 않으며, 항상 상황에 침착할 수 있도록 자신을 제어한다. 그러다 보면 보다 냉정하고 합리적인 문제 해결책을 발견하는 경우가 많다.

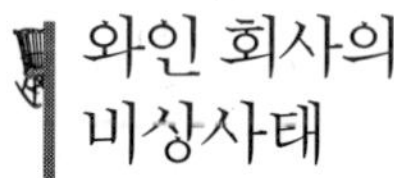 와인 회사의 비상사태

프랑스의 유명한 와인 회사에서 일어난 일이다. 와인 제조 과정의 핵심인 분쇄 공정을 눈앞에 두고 있던 때였다. 한 번의 실수가 1년 동안 기울인 정성을 일거에 날릴 수 있는 순간이었다. 앞으로 수 년, 수십 년 숙성시킨 뒤에 판매해야 하니 어쩌면

1년이 문제가 아닌 상황일 수도 있었다. 회사의 경영자도 한창 긴장하고 있던 참인데 중간 관리자로부터 전화가 걸려 왔다. "와인 기술자가 사직한다고 하는데 어떻게 하죠?" 이게 무슨 소리인가. 가장 중요한 공정을 눈앞에 두고 핵심 기술자가 그만두다니!

보통은 길길이 화를 내며 흥분하다가 일을 그르칠 수도 있는데(그만큼 와인 제조는 미세한 변화에 민감한 반응을 보이는 정밀과정이다), 경영자는 흥분하지 않았다. 그는 곰곰이 생각하더니 "만약 지금 당장 와인 기술자가 죽으면, 그 일을 누구에게 시킬 것인가?"라고 되물었다. 중간 관리자는 후임 와인 기술자 중 한 명을 선택하겠다고 했다. 그러자 경영자는 "그럼 그렇게 하라"고 말했다. 후임 기술자로서는 자신을 믿고 맡겨준 경영자와 중간 관리자에 보답하기 위해서라도 자신이 가진 능력의 120퍼센트를 발휘할 수밖에 없는 상황이었다. 결국, 그 후임 기술자는 여느 때와 비교할 수 없는 정성을 기울여 분쇄 과정을 무사히 마쳤다. 뿐만 아니라 이후 15년 동안이나 더 근무하면서 회사에 많은 성과를 안겨 주었다. 결국 경영자의 침착함이 문제를 해결한 것이다.

미국의 정치가 토머스 제퍼슨은 '어떤 환경에서든 침착하게 대응하며 기다리는 자세보다 더한 강점은 없다'라고 말했다. 순간 치밀어 오르는 감정을 내뱉는 것보다 상황을 가만히 지켜보는 것이 더 큰 힘을 발휘할 수 있다는 말이다. 당신도 일을 하다 보면 불시에 닥친 일로 크게 화를 내거나 극단적인 감정에 휩싸여 일을 그르칠 수 있다. 그럴 때면 와인 회사의 오너를 떠올려보라. 상황에 휩싸여 화내고 당황하는 대신, 자기 제어 시스템을 작동해서 대안을 찾는 것이 진정한 현명함이다.

독사가 되지 **마라**

막말도 습관이다

나이가 들면 깜빡하는 일이 잦다. 자동차 문은 잠갔는지, 아파트 열쇠는 챙겼는지 수시로 불안해진다. 특히 주부라면 가스 불 때문에 한 번쯤 집으로 되돌아왔던 기억이 있을 법하다. 남편은 이런 아내를 보며 '이 바보야, 그런 것도 기억 못하냐?'며 구박하기 일쑤다.

어느 날 부부가 길을 걷고 있었다. 신호등이 없는 곳에서 남편이 무리해 길을 건너려다 마주 오던 트럭과 부딪칠 뻔했다. 이때 트럭 기사가 "야! 이 바보 같은 놈! 죽고 싶어서 그래?"라고 욕을 하자 부인은 남편을 보고 "여보, 저 사람 아는 사람이야?"라며 천연덕스럽게 되물었다고 한다. 남편에게 구박 받아 온 부인의 통쾌한 일격이었다.

살다보면 자신도 모르게 상대방을 불쾌하게 하는 말을 종종 하게 된다. 말을 내뱉는 사람은 '그냥 지나가는 말이었다'고 생각할지라도 듣는 사람에게는 크나큰 충격이다. 소위 '뒷담화'처럼 몰래 하는 말 역시 그렇다. '낮말은 새가 듣고 밤말은 쥐가 듣는다'는 속담이 있듯이, '나쁜 말'은 언제든 드러나기 마련이다.

폭탄주보다 위험한 폭언

폭언은 직장 내에서도 심각한 문제를 일으킨다. 몇 년 전, 일본 도쿄지방법원은 '상사의 폭언에 의한 직원의 자살은 산업재해'라는 판결을 내린 바 있다. 이 일은 한 제약회사 영업 부서에서 일어난다. 사건 속 영업 계장은 새로 부임한 사람으로, 실적 개선을 해야 한다며 부하 직원에게 폭언을 일삼았다. "회사를 말아먹는 놈", "월급 도둑놈" 등의 표현과 "제발 없어져라"는 등의 욕을 들은 영업부 직원은 심한 스트레스에 정신적 충격을 받아 이듬해 자살했다.

자살한 직원의 유서에는 "나의 결점만을 생각하게 돼서 내가 정말 싫어졌다"는 말이 남아 있었다. 이 판결은 '상하 관계를 전제로 한 폭언은 중요한 사회 문제임에도 지금까지 묵인되어 왔는데, 이 같은 풍조를 바로잡는다는 의미에서 획기적'이라는 일본 내 반응을 불러일으켰다. 그만큼 알게 모르게 직장 내 언어폭력이 자행되고 있었다는 뜻이다.

가정에서든 직장에서든 우리는 항상 말조심해야 한다. 만일 누군가를 비방하고 그에 대한 편견을 가지게 되면, 어떻게든 그 사람과 다시 마주치게 되어 있다. 한번 일어난 문제는 형태를 달리할 뿐 다시 생기게 마련이다. 원수는 외나무다리에서 만난다는 속담처럼 말이다. 그래서 언제나 긍정의 힘을 담아 말해야 한다.

한편 SNS 시대를 맞아 '짜증나거나 화가 날 때 절대로 글을 쓰지 말라'는 조언이 돌기도 한다. 글은 물적 증거로 남으며 오랜 시간이 흐른 뒤에도 사라지지 않으므로, 말보다 더욱 조심히 해야 할 필요가 있다.

앞으로는 일단 상대를 칭찬해 주고 그 다음에 아쉬운 점을 말하는 요령을 터득해 보라. '이렇게 해 주십시오'라고 말하기보다는 상대방으로 하여금 스스로 하고 싶다는 실천 의지가 생길 수 있게 해야 한다. 이런 방법을 잘 활용한다면 당신도 회사 생활이나 일상에서 인간관계의 달인이 되어 있을 것이다.

가장 큰 벌은 **사랑**이다

시골 촌년 10만 원

휴가철에는 유독 곳곳에서 싸움이 빈발한다. 낯선 사람과 부딪치고 말 한마디를 잘못했다가 큰 싸움이 일어나기도 한다. 이런 일이 계속되다 보니 경포대에서는 아예 술을 팔지 못하도록 하고 있다.

말 한마디 때문에 일어나는 사건은 이뿐만이 아니다. 많은 남편들이 고부 간의 갈등 때문에 난처한 상황에 처하는 경우가 많다. 다음의 일화는 말 한마디로 감정의 골이 얼마나 깊어질 수 있는지를 잘 보여준다.

시골에 사는 어머니가 아들 집에 놀러 오셨다. 어머니는 우연히 아들 집의 가계부를 보게 되었는데, '시골 촌년 10만 원'이라고 적힌 글귀를 발견했다. 그 글귀는 자신에게 용돈을 주는 날짜를 적은 것이었다. 어머니는 너무 화가 나 시골에서 가지고 왔던 된장, 김치, 참기름 등을 도로 들고 내려가 버렸다.

아들은 너무 놀라서 전화를 걸었다. 어머니는 "내가 너희 집에서 잠을 잘 수 있겠느냐? 이유가 궁금하면 가계부를 보아라"라고 말했다. 아들은 아내가 쓴 가계부를 확인했고, 그 이튿날 아내와 함께 처가로 갔다. 아들은 처가 앞까지 가서는 안으로 들어가지 않고 멈추었다. 장모는 의아해서 어서 들어오라고 재촉했다. 이때 아들이 말하기를 "촌년 아들이 이 부잣집에 들어갈 수 있겠습니까?"라고 했다. 아들은 아내를 두고 집으로 혼자 돌아갔다. 그러자 이 싸움은 부부 사이를 넘어 양가의 전쟁으로 발전하기 시작했다.

사건의 발단은 아내의 경솔한 글귀였다. 이에 아들은 단단히 화가 났다. 그러나 싸움이 번지게 된 원인은 아들에게도 있다. 굳이 처갓집에 가서까지 이 일을 알리고 아내에게 망신을 줄 필요는 없었기 때문이다. 아내와 헤어질 게 아니라면 화를 꾹 참고 아내에게 스스로 뉘우칠 기회를 주는 것이 훨씬 지혜로운 방법 아니었을까?

다 죽는 전략과
다 사는 전략

춘추전국 시대 적국이었던 양 나라와 초나라 사이에 있었던 일이다. 양나라와 초나라는 국경을 접하고 있는 사이였다. 국경 지대에는 빈 땅이 있었는데, 각국의 병사들은 그곳에 작물을 심어 기르고는 했다. 양나라 군사들은 부지런히 물도 주고 밭을 일궈 풍성한 결실을 거두어갔다. 반면 초나라 군사들은 밭을 게을리 돌봤고, 작물은 시들시들하더니 급기야는 마르기 시작했다.

하루는 양나라의 밭이 쑥대밭이 되어 있었다. 초나라 군사들이 지난밤 잘 자라던 밭을 망쳐 버렸던 것이다. 양나라 군사들은 당연히 화가 잔뜩 났다. 그러나 이를 알게 된 양나라 현령은 복수 대신 초나라의 마음을 바꿔 놓을 묘안을 내놓았다. 이에 설득된 양나라 군사들은 그날 밤 몰래 초나라 밭으로 찾아가 물과 비료를 주었다.

며칠 뒤 초나라 병사들은 자신들의 작물이 싱싱해져 있는 모습을 보고 의아하게 생각했다. 조사 결과 누군가가 대신 밭을 일궈 주었으며 그것이 양나라 군사들이라는 사실을 알게 되었다. 초나라 병사들은 양나라의 마음 씀씀이에 감복할 수밖에 없었다. 이 소식은 초나라 왕에게까지 전해졌으며 왕은 양나라로 화해의 선물을 보냈다. 적국이던 두 나라는 이 일로 친선을 맺게 되었다.

 고부 갈등의 사이에 낀 남자의 고통은 상상을 초월한다고 한다. 그래도 지혜를 짜낸다면 풀지 못하는 갈등이란 없다. 남편이자 아들을 현령에, 시어머니와 아내를 각각 두 나라의 위치에 놓아보자. 중요한 것은 서로의 마음을 바꾸어 놓을 묘안을 짜내는 것임을 알 수 있다. 설마 목숨을 내걸고 싸우는 두 적국보다 고부의 관계가 심각하겠는가.

 물론 마음의 문은 쉽게 열리지 않는다. 그래서 꾸준한 신뢰와 배려의 탑을 쌓아가는 과정이 필요하다. 칭찬과 존중, 언제까지나 상대와 함께 하고 싶다는 메시지를 지속적으로 보내는 일이야말로 마음의 벽을 허무는 작은 망치가 된다. 이것은 직장에서도 마찬가지여서 평소 껌 한쪽도 나눠 씹지 않겠다고 맹세하는 앙숙도 주변의 관심과 적절한 화해의 방법만 주어진다면 누구보다 긴밀한 협력자로 거듭날 수 있다.

자랑스러운 **적과 싸우라**

우기는 사람의 죄

다음은 한국경제신문의 〈차
길진 칼럼〉에 나온 이야기다.
차길진 법사가 어릴 적 할머니께 전해 들은 것이라고 한다.

어느 고을에서 두 사람 사이에 싸움이 붙었다. 둘은 '4×7=28'
인지 '4×7=27'인지를 두고 다투기 시작했다. 말싸움이 거세져
멱살잡이로 번지며 둘은 고을 원님에게 찾아가 판정을 청하게
된다.

자초지종을 듣게 된 원님은 고개를 끄덕이며 말했다. "27이라
고 우긴 사내는 돌려보내고 28이라 답한 사내는 댓돌 아래 무릎

을 꿇리도록 하라.” 28이라며 정답을 맞힌 사내는 무슨 영문인지 모르는 채 시키는 대로 했다.

원님은 아전을 불러 곤장을 치라 명했다. 얼떨결에 사색이 된 채 볼기를 맞은 사내가 억울해하며 호소했다. “사또 나리, 그럼 4 곱하기 7이 28이 아니란 말입니까!” 원님은 “아직 정신을 덜 차렸군?”이라며 엉덩이를 한 차례 더 치게 했다.

원님이 말했다. “이보게, 잘 듣게. 자네가 왜 곤장을 맞았는지 아는가?” 사내는 억울하다는 듯이 입을 다물었다. “4 곱하기 7이 27일 수 있겠는가. 하지만 둘 중 더 나쁜 사람은 자네일세. 제정신이 있는 사람이라면 누가 27이라 우기겠는가. 그런 사람을 두고 다툰 것도 모자라, 하찮은 일로 공무에 바쁜 관아까지 찾아와 천금 같은 시간을 빼앗은 자네야말로 죄인 아닌가. 죄도 제정신인 사람에게 물어야 하는 법이네.” 사내는 아무 말도 못 하고 절뚝거리며 관아를 나왔다.

약간 역지스러운 감이 없지는 않지만, 차길진 법사는 이 이야기를 통해 ‘무리한 욕심을 부리지 마라’는 교훈을 전하려 하고 있다. 그런데 나는 차길진 법사의 의도와는 달리, 이 이야기를 읽으며 스트레스 푸는 법을 깨닫게 됐다. 바로 ‘상대가 억지를 부린다고 같이 화를 내면 나만 쓸데없는 스트레스를 받는다’는 사실이다. 다시 말해, 역지스러운 상대를 만나게 될 경우에는 지는 것이 결과적으로는 이기는 일이다.

짜증을 신명나게 푸는 방법

말이 나온 김에, 스트레스를 푸는 몇 가지 방법을 소개해 보도록 하겠다. 첫째로, 스트레스를 받는 대신 해결 방법을 찾아야 한다. 이렇게 방법을 우선하는 습관을 들이게 되면 스트레스에 노출되는 빈도가 낮아진다. 만일 당신이 인사 담당자인데 새로 뽑은 직원이 얼마 지나지 않아 나가 버렸다고 하자. 노심초사 끝에 간신히 선발해 놨더니 조기퇴직이라……. 개××, 소××, 욕이 튀어나오지 말란 법이 없다. 그러나 욕을 한다고 스트레스가 해소될 리 없다. 근본적인 상황이 해소되지 않았기 때문이다.

스트레스 관리의 달인이라면 이런 상황을 역전시켜 긍정적인 방향을 모색할 것이다. 바로 인사 관리 매뉴얼 작성의 계기로 삼는 것이다. 면접이나 선발과정의 원직, 퇴사 원인의 파악과 해결, 재발 예방 방안 등 이제껏 없던 것을 창조하는 기회로 전환해 보자. 애써 뽑은 새 직원은 사라졌지만, 그 대신 인사 관리 매뉴얼이라는 든든한 지침이 중요 서류 파일에 채워졌다. 이처럼 방법 우선의 사고는 네거티브한 상황을 포지티브한 것으로 바꿔

주는 열쇠이다. 당연히 스트레스는 그 정도가 낮아져 '창조통'으로까지 바뀔 수 있다.

둘째로, '피할 수 없으면 즐겨라'라는 격언을 새겨라. 평범하지만 절대적으로 명심해야 할 원칙이다. 어차피 피할 수 없는 일이라면 그 일의 타당성을 납득하고 즐기는 편이 정신 건강에 이롭다.

한 연구소에서 즐거움, 스트레스 그리고 무관심의 상관관계를 알아보는 실험을 했다. 연구원은 흰 쌀 세 그릇을 떠 놓고는 한쪽에만 늘 즐거운 기색으로 친절한 말을 해 주었다. 그 옆의 그릇에는 불평불만을 퍼부어 스트레스만 주었다. 한 달 동안 실험을 지속한 결과, 늘 즐거운 기색으로 대했던 쌀은 이전보다 더 윤이 났다. 그러나 스트레스만 준 쌀은 놀랍게도 마치 탄 밥처럼 시꺼멓게 변해 버렸다. 또 보지도 않고 한쪽 구석에 방치해 둔 마지막 쌀그릇에는 시퍼런 곰팡이가 펴 보기만 해도 역겨울 정도였다. 당신이라면 같은 쌀을 두고 어떤 태도를 보일 것인가?

당신이 대하는 사람들을 흰 쌀 한 그릇이라고 생각하라. 혹시 다른 사람에게 나도 모르게 스트레스를 주고 있지는 않은지 생각해 보자. 상대에게 화를 내는 대신 칭찬과 감사를 전한다면 당신으로부터 시작된 긍정의 힘이 돌고 돌아 다시 당신을 향하게 될 것이다.

일본의 어느 회사에서는 독특한 소통법을 실시하고 있다. 그 회사 직원은 자신의 신상에 작은 일이 일어나거나 소소한 성과를 얻게 될 때마다 이를 메모지에 적어 게시판에 붙인다고 한다. 이 메모를 보고 모두가 칭찬이나 격려를 건넬 수 있도록 말이다. 자기 자신을 스스로 알려야만 주변에서도 관심을 보일 수 있기 때문이다. 결국, 성공의 기회는 칭찬과 관심이 모여 발생한다. 스트레스로 힘겨워하기보다는 칭찬거리를 만들고, 옆 사람의 칭찬거리를 찾으며 몸과 마음의 건강을 되찾기 바란다.

어중간한 사람과 중도를 지키는 사람

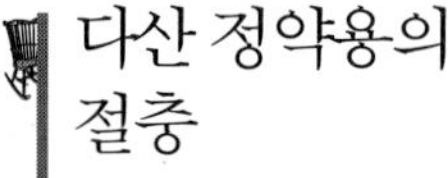

다산 정약용의 절충

조선 시대 주자학의 두 축을 퇴계 이황과 율곡 이이로 꼽는 데 이의를 제기할 사람은 별로 없을 것이다. 퇴계가 공경하는 마음으로 학문을 하며 자신의 인격을 닦아 나간 수도자형 인물이라면, 율곡은 이론적으로 치밀하게 분석하여 논리에 어긋나는 점을 예리하게 지적해 내는 분석가형 인물이라고 한다.

다산 정약용은 이 둘이 주고받던 편지를 보고 율곡의 비판적 태도와 퇴계의 포용적 태도에 각각 문제가 있다고 지적하면서 양자의 입장을 종합하고자 시도했다. 그는 먼저 이해의 폭을 넓혀 말한 사람의 본래 취지를 다각도로 반복하여 깊이 생각해 보길 권했다. 그러다 보면 논의한 내용을 단순하게 옳은 것과 옳지 않은 것으로 가를 수 없음을 깨닫게 되며, 옳은 것 중에서도 옳지 않은 것이 드러나고, 옳지 않은 것 중에서도 옳은 것이 드러날 수 있음을 발견하게 되기 때문이다.

험담의 주체를 분석하라

누군가를 겪어 보기도 전에 그에 대한 험담을 듣게 된다면, 당신은 아무런 편견 없이 그를 대할 수 있을까? 한 직장인은 최근 부서를 옮기며 부서장에 대한 좋지 않은 소문을 들었다. 부서장이 실력은 없으면서 부하 직원의 공로를 가로챈다는 것이었다. 그래서 이 직장인은 부서장에게 자기 아이디어를 들키지 않으려 애를 쓰게 되었다. 그러나 몇 개월 겪어 본 결과 부서장은 그런 사람이 아니었다. 생각해 보니 그 소문을 전해 준 사람은 부서장과의 마찰로 최근 이직을 한 동료였다.

인간은 참으로 간사한지라 남의 비판을 듣기 좋아한다. 하지만 위의 이야기처럼 남의 말을 그대로 믿었다가는 오해를 할 수도 있다. 다산의 말처럼 남의 비판이나 험담을 들었을 때는 곧이

곧대로 듣지 말고 이야기하는 사람의 입장에서 다시 한 번 생각해 보고, 제3자의 입장에서도 다시 한 번 생각해 봐야 한다. 그리고 편견과 독선에 사로잡히지 않도록 포용의 마음을 가져야 한다.

상사나 동료 직원과 함께 일을 하면서 누구나 편견에 치우쳐 정확한 판단을 하지 못할 때가 있다. 그럴 때마다 상대방에 대한 비판 속에서도 종합적인 사고와 판단력을 가지고 이해의 폭을 넓힐 필요가 있다. 그렇게 한다면 좀 더 열린 마음으로 누구와도 함께 일할 수 있다는 자신감이 생길 것이다.

비방자는 어디에나 있다

그들이 노리는 것

영화 속에 가장 많이 나오는 대사가 무엇일까? 1위는 'Gataway', 2위는 'I love you'다. 그렇다면 영화 속 대사 중 가장 들어 보고 싶은 대사는 무엇일까? 많은 사람이 'You make me want to be a better man(당신은 나를 더 좋은 사람이 되고 싶도록 만듭니다)'과 'You complete me(당신은 날 완전하게 합니다)'를 꼽았다고 한다. 두 말 모두 상대에게 들으면 기분이 좋아지는 칭찬이다.

이렇게 칭찬은 상대를 희망으로 이끄는 반면, 비방과 험담은 한 사람의 인생을 망치기도 한다. 어느 조직이나 비방자는 존재하며, 비방자는 당신의 상사일 수도, 동료일 수도, 부하일 수도 있다. 비방자는 장래가 촉망한 사람을 주요 표적으로 삼는다. 이런 사람은 정직하지 못하고 야망으로 가득 차 있으며, 누구도 완전히 믿지 못한다. 비방자들은 흔히 상대를 밟고 올라서는 수단으로 자신을 빛내려 한다. 그렇기 때문에 그는 모든 잠재적인 경쟁자를 쫓아다니며, 공격하는 특징을 보인다. 때로는 전도유망한 직원을 비방하고 모략하여 희생자로 만든다. 이렇게 되면 열심히 하는 사람은 우스운 사람이 되고, 비방자와 그의 말에 현혹된 사람들이 회사의 분위기를 주도하는 어처구니없는 상황이 벌어진다. 자신의 파벌이 아니면 무조건 견제하는 곳에서 업무의 효율이 높을 리가 없다. 한 사람의 비방자가 전체 시스템의 균열을 일으키는 일이 생길 수도 있는 것이다.

마크 트웨인은 '젊은이에게 주는 충고'에서 "진실을 없애는 것은 어렵지 않다. 그러나 완벽한 거짓말은 없어지지 않는다"고 했다. 비방하는 자의 말은 날카로운 관찰자의 시선으로 보면 드러나기 마련이다. 그러나 우리는 때로 근거 없는 거짓에 속아 판단을 그르치기도 한다.

그들의 표적

만약 누군가가 당신 앞에서 다른 사람을 근거 없이 비난한다면, 일단 동조하지 않는 자세를 취하고 그 사람이 더 이상 타인을 헐뜯지 못하게 해야 한다. "그렇게 생각하신다니 유감입니다"라고 하며 침착하고 부드럽게 말하되 강한 거절의 의미를 전달하라. 조직의 전체적인 팀워크를 깨는 비방자가 있어서는 안 되기 때문이다. 특히, 다른 사람의 비방에 동조하다가는 자신도 또 다른 '이간질꾼'으로 낙인이 찍힐 수 있다는 사실을 명심해야 한다.

문제는 '근거 있는' 비방일 경우다. 직장에서 누군가는 실수할 수도 있고, 이 때문에 어떤 피해가 발생하기도 한다. 이런 경우 당신이 제3자라 할지라도 비방을 무조건 무시할 수 없을 것이다. 이에 효과적으로 대처하는 비결은 '사건 그 자체에 집중'하는 데 있다. 문제의 원인을 사람의 성격이나 행동에서 찾으려다 보면 이는 비방이 될 수밖에 없다. 대신 문제가 된 사실 그 자체에 조점을 맞추면 보다 건설적인 대화가 가능해진다. 분위기만 흐리는 '비방'보다는 '칭찬'이 넘치는 직장을 만들자.

리스크 오브 리스크

Risk of Risk

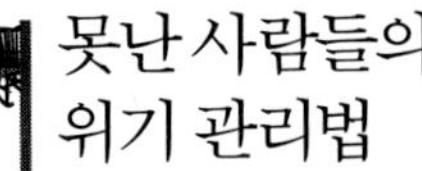

못난 사람들의 위기 관리법

위기 한 번 없는 인생은 없다. 다만 이 위기를 얼마나 슬기롭게 헤쳐 나가느냐에 따라 인생의 행복과 불행이 결정된다. 위기가 닥쳤을 때 어떻게 행동하면 좋을지 지침으로 삼을 만한 팁이 있어 소개하고자 한다. 위기는 '내가 어떻게 해 보자'고 해서 해결되지 않을 수도 있다. 하지만 사전에 철저히 준비한다면 리스크를 최소화하여 수월하게 극복해 낼 수도 있다. 다음은 위기를 겪으면서 절대 품지 말아야 할 다섯 가지 마음이다.

1. "○○ 때문에 이 꼴이 됐어"

원망은 마음을 상하게 한다. 또한, 이 가슴 속 응어리 때문에
건강을 해치게 된다. 모든 결과를 겸허하게 받아들이는 자세가
중요하다.

2. "내가 하는 일이 이렇지 뭐"

후회와 반성은 한 번이면 족하다. 자책할 시간에 어떻게 하면
다시 일어날 수 있을지 고민해야 한다.

3. "난 할 만큼 했어!"

한 번 고배 마신 사람이 재기하지 못하는 원인은 현실을 인정
하지 않는 데 있다. 현실을 냉정하게 인정하는 자세가 필요하
다.

4. "이렇게 안 풀리는 인생이 있을까?"

'내 처지가 이렇게 힘드니 다시 일어날 때까지 모두가 날 봐주
겠지'라는 마음에 위로 받을 생각은 아예 하지 마라. 세상은 죽
겠다고 앓는 소리를 하는 사람보다 일어설 수 있다는 자신감을
가진 사람을 도와주고 지원해 주기 때문이다.

5. "빨리 수습해야 돼"

조급하면 실수하게 된다. 걸어온 길을 점검하고 나아갈 길을 바라보며 천천히 마음을 다잡아야 한다. 이 기회에 못다 한 공부를 하고, 서두르기보다는 시야를 넓히며, 한 발 뒤로 물러서서 지켜보는 여유와 느긋하게 계획을 세워 나가는 자세가 필요하다.

찬스 오브 리스크

Chance of Risk

잘난 사람들의 위기 관리법

반대로 위기 극복을 위해 반드시 해야 할 행동에는 무엇이 있을까? 다음은 어려운 상황에 부딪쳤을 때 허둥대지 않고 대처할 수 있도록 미리 새겨둬야 할 팁이다.

1. **점검** 내가 어쩌다가 여기까지 왔나 냉정하게 생각해 볼 필요가 있다. 자책이 아니고 반성이다. '현재 나의 능력은 어느 정도인가?', '계획하는 일을 위한 건강 상태는 어떠한가?', '나의 몸값은 실제로 얼마인가?', '과연 무엇을 하는 것이 나다운 일

일까?'라는 질문을 통해 자신이 가야 할 좌표를 정하고 더는
방황하지 않도록 한다.

2. **긍정** 어느 철도원이 냉동차에 갇혀 사망했다. 그런데 그 냉동
차는 가동되지 않고 있었다. 철도원을 죽인 범인은 '난 얼어
죽게 생겼어!'라며 스스로 만들어낸 절망과 공포였다. 희망은
생명을 죽이기도, 살리기도 한다. 희망의 끈을 놓치지 않는 것
이 무엇보다도 중요하다.

3. **용기** 빈털터리부터 시작해서 성공한 사람의 가장 큰 특징은
용기 있고 진취적이라는 점이다. 아무리 큰 실패와 좌절을 겪
었더라도 당신은 아무것도 하지 않았던 때의 당신과는 완전히
다른 사람이다. 경험이야말로 성공을 위한 가장 큰 자산이기
때문이다. 다시 용기를 내라.

4. **독서** 성공 사례를 다룬 책을 읽으면 그들이 어떻게 위기를 극
복해 나갔는지를 찾아낼 수 있다. 책 속에 길이 있음을 항상
명심하고 그 속에 자신을 파묻어라.

5. **열망** 누구에게나 되고 싶은 자기의 미래 모습이 있다. 그것을

되새기다 보면 본인도 모르는 사이게 그렇게 변해 간다. 사람이 간절히 기도하는 내용대로 바뀌어 간다는 것은 기적이 아니라 과학으로도 증명된 사실이다.

위의 내용을 잘 기억하여 긴박하고 복잡한 상황 속에서도 담담히 대응하도록 하라. 위기를 사전에 준비하고 예방할 수 있는 능력을 키우며, 위기에 맞설 때는 대담하게 한발 물러서서 상황을 판단하기 바란다. 위기와 시련은 당신을 뛰어난 인재로 정련하는 대장간의 쇠망치 역할을 해 줄 것이다.

함부로 칼을 뽑지 마라

가물치 전략

미국의 정치가 헨리 키신저는 '아시아에서 벌어진 한국전과 베트남전에서 미국이 어려움을 겪은 이유는 손자병법을 몰랐기 때문'이라고 한 바 있다. 손자병법에는 '최고의 전략은 싸우지 않고 이기는 전승 전략이다'라는 내용이 담겨 있다. 우리는 싸움에 임하게 되면 '무조건 열심히 싸워야 한다'고 생각하기 쉽다. 그러나 이런 생각을 뒤집으면 오히려 승리에 가까운 길을 발견할 수 있다.

전승 전략의 한 가지로 '가물치 전략'이 있다. 가물치가 뱀을 유인하기 위해 사용하는 방법인데, 우선 자기 몸이 강가로 밀려가게 해 병든 듯이 위장한다. 그러면 나무에 매달려 있던 뱀이 이 모습에 속아 강가로 가는데, 가물치는 이 순간을 노려 번개처럼 뱀을 낚아챈다.

한낱 미물인 가물치에게도 이런 재주가 있다. 별다른 자원을 사용하지 않으면서도 신통한 전술을 발휘했고, 상대의 허를 찔러 싸우지 않고 이겼으며, 자신의 몸도 다치지 않았다. 반면, 뱀은 방심하다가 천운을 다했다.

후퇴와 패전 전략

손자병법에서 손자는 쓸데없는 싸움은 하지도, 이기지도 말라고 했다. 삼성의 이병철 회장도 절대 싸워 이기면 안 되는 다섯 사람을 꼽은 적이 있다. 이 다섯 사람은 바로 '아내, 자식, 직원, 공무원, 동료'였다. 상사와의 싸움에서 백전백승하는 이는 직장을 잃고, 아내와의 싸움에서는 백전백승하는 이는 가정을 잃는다. 자식은 싸워 봐야 남는 것 없는 '웬수'가 되고, 공무원과 싸워 이기면 사업 기회를 날린다. 동료와 싸워 이기면 승진이 되는가? 조직이 망가지고 그 여파는 궁극적으로 자신의 해고로 나타날지도 모른다.

　그러나 실제 삶에서는 예상치 못한 사람이 어느 날 적이 되어 나타날 수도 있다. 적은 남녀노소 누구에게든 다양한 형태로 다가온다. 상대의 외모나 평판에 의해 현혹되지 말고 자신을 과신하거나 잘난 척하지도 말아야 한다. 적의 지능과 체력 또는 기술 그 어떠한 면도 과소평가해서는 안 된다. 적에게 현혹되지 않도록 항상 긴장하여야 한다는 뜻이다. 천운을 다한 뱀의 교훈을 간직하자는 취지다.

조직과 조직의 진검승부

피 흘리지 않고 승리하는 법

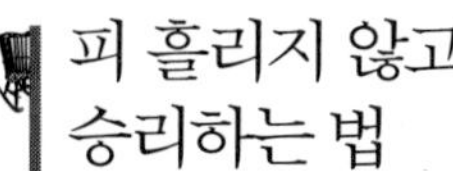

'격안관화隔岸觀火(강 건너 불 보듯 하다)'라는 말이 있다. 이 말에는 적 진영이 자중지란에 빠지기를 기다렸다가 난폭한 세력이 자멸하고 나면 순리에 따라 행동해 이득을 얻는다는 전술적 지혜가 들어 있다.

삼국지에도 격안관화의 이야기가 등장한다. 조조가 관도대전에서 원소를 무찌르고 승리했을 때의 이야기다. 조조는 원소의 두 아들이 후환이 되지 않도록 마저 죽여야겠다는 결심을 하고 그들을 추격한다. 그러나 계속되는 싸움 중 조조가 매우 신뢰하던 군사 '곽가'가 죽어버린다. 곽가는 조조가 후사를 맡기고 싶다고 했을 정도로 믿었던 인물이었다.

그런데 곽가는 죽기 전 조조에게 한 장의 편지를 남기고 떠났다. 그 편지를 읽은 조조는 원소의 아들을 추격하던 병사들을 모두 물린다. 주변에서는 모두 조조의 결정을 이상하다는 듯이 바라봤다. 그런데 며칠 뒤, 요동의 사자가 찾아와 원소 아들들의 머리를 내어 놓는 것이 아닌가.

곽가가 죽기 전에 조조에게 남긴 편지에는 다음과 같이 적혀 있었다고 한다.

'지금 원소의 두 아들이 요동으로 몸을 의탁하러 갔다고 하나, 절대 그곳으로 따라가지 마소서. 공손강은 오래전부터 원 씨를 두려워해 왔는데, 두 아들이 찾아갔으니 반드시 의심할 것입니다. 명공께서 그곳에 공격해 가신다면 공손강과 원 씨는 힘을 합해 맞설 것입니다. 그러나 공격을 늦추고 기다리시면 그들은 서로 죽이고자 획책할 것입니다.'

곽가의 예언은 적중했다. 원소의 두 아들을 의심한 공손강이 그들을 죽이고 머리를 보내 왔기 때문이다.

격안관화의 이득을 취하려면 상대 조직 안에서 내분이 일어나야 한다. 이를 위해서는 자연스럽게 조직 내 분란이 일어나도록 유도해야 한다. 여기서 가장 중요한 점은 불구경은 하되 자신에

게 불똥이 튀지 않도록 해야 하며, 상대에게 먼저 불이 나도록
적절한 순간에 기다릴 줄도 알아야 한다는 것이다.

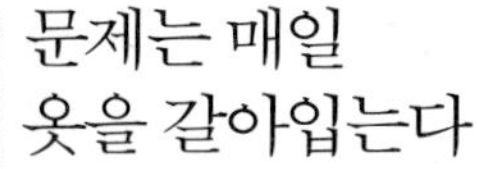 문제는 매일 옷을 갈아입는다

격안관화를 역으로 생각해 보면, 내부의 문제는 조용히 해결하되 가능하면 이를 외부에 드러내지 않는 것도 하나의 전술이다. 그런데 관리자는 사실상 무엇이 문제인지 정확히 알지 못하는 때가 많다. 문제 파악을 위해서는 부하 직원과 면담해야 하고, 고객의 목소리를 잘 들어야 한다. 하지만 많은 관리자들이 현실을 정확히 파악하기 보다는 위급한 순간에 땅 속에 머리를 처박는 타조처럼 자기 영역 바깥의 일에는 무관심한 경우가 많다. 이래서는 문제 해결은커녕 목소리 큰놈이 이기게 마련이다. 목소리 큰 사람이 조직을 장악하는 순간 그 조직의 미래는 없다고 봐야 할 것이다.

어느 회사의 기획팀장에게 고민이 있었다. 회의를 진행하는 내내 딱 두 사람만이 발언하고 있는 것을 발견한 것이다. 팀장은 급기야 발언권을 제한하는 제도를 생각해 내고, 각기 세 번의 발언권만을 허용해 모두의 의견을 골고루 수용하고자 했다. 효과

는 즉각 드러났다. 이전에 비해 건실한 안건이 많이 나오게 되었고, 구경꾼 노릇만 하던 사원들도 한층 자신감을 갖기 시작했다.

중요한 것은 현실이다. 그리고 그 현실은 천변만화千變萬化한다. 그로부터 발생하는 문제 역시 마찬가지다. 따라서 이에 대한 대응 또한 늘 변화무쌍하지 않으면 안 된다. 어느 조직이나 문제가 있기 마련이며 외부 대상과의 관계에서도 마찬가지다. 우리는 문제를 해결하기 위해 회사에 나온다는 사실을 명심하기 바란다.

울지 않고 태어나는 아기는 없다

걸림돌 야마나카, 노벨상을 타다

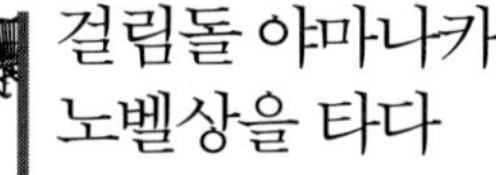

성공한 사람에게는 실패가 없다고 생각하기 쉽다. 그러나 성공한 사람은 모두 실패를 극복한 사람일 뿐이다. 노벨 생리의학상을 받은 일본의 의학자 야마나카 신야 교수의 경우도 그러하다. 야마나카 교수는 고베 대학교 의학부 출신으로 성형외과 임상의를 꿈꿨다. 대학 졸업 후 그는 국립 오사카 병원 정형외과에서 연수의 생활을 시작한다. 그런데 다른 의사라면 20분 만에 해치울 수술을 두 시간이나 걸려 끝내는 바람에 '자마나카(걸림돌 야마나카)'라는 별명을 얻게 된다.

야마나카 교수는 절망하고 임상의가 되겠다는 꿈을 포기한다. 대신 기초과학에 열의를 갖고 난치병 환자를 연구해야겠다고 결심하는데, 이는 중중 류머티즘 환자를 담당하며 새로이 정한 진로였다. 야마나카 교수는 미국 캘리포니아 대학 글래드스턴 연구소로 가서 유학 생활을 마치고 일본으로 귀국한다. 그런데 그는 또 한 번의 좌절을 만나야 했다. 일본 내의 기초과학 연구 환경이 미국에 비해 너무 열악했기 때문이다. 그는 우울증 증세까지 보이는 등 힘든 시기를 겪는다.

하지만 야마나카 교수는 포기하지 않았다. 그는 미국의 학술 잡지 《셀Cell》에 2006년 '쥐의 피부 세포에 4가지 유전자를 더하여 분화 가능한 iPS 세포를 만들었다'는 논문을 싣고, 다음 해에는 '성인의 피부에 발암 유전자 등을 도입하여 ES 세포와 비슷한 세포를 만들 수 있다'는 내용을 발표한다. 위의 공로로 그는 '노벨상 등용문'이라 불리는 '래스커상'을 받고 훗날 노벨상 수상의 영광에까지 이르게 된다. 큰 좌절과 실패를 연거푸 만나야 했던 야마나카 교수는 "무엇이든 좋으니까 열심히 하는 게 중요하다. 아홉 번 실패하지 않으면 한 번 성공할 수 없기 때문이다"는 말을 남기기도 했다.

성공의
초벌 원고부터 쓰라

실패는 필요악이 아닌 성공을 위한 '필요선'이다. 그러나 반복되는 실패에서 아무 것도 배우지 못한다면 그것은 무능이다. 실패에서 배우기 위해서는 무엇보다 그것을 기록하는 습관을 들여야 한다. 무엇을 잘못했는지, 어디서부터 일이 잘못됐는지 살펴야 하며, 일을 망치게 된 원인은 무엇인지 꼼꼼히 기록해야 한다. 또한 일하면서 주변의 협조를 충분히 구했는지, 화를 내지는 않았는지, 자신의 행동이 미성숙하지는 않았는지 되돌아보는 일도 중요하다. 실수를 기록할 때는 잘못한 점을 기록하는 것도 중요하지만, 다음번에는 어떻게 해야겠다는 다짐도 적어 놓아야 한다.

오스왈드 에이버리는 '폐렴연쇄균협막물질의 면역학적 특이성'을 연구해 DNA가 유전자의 실체라는 사실을 과학적으로 밝혀낸 캐나다의 생물학자다. 그는 이 연구를 위해 수년 동안 실험을 거듭했지만, 번번이 실패를 겪어야 했다. 주변에서는 안타깝다며 그를 걱정했지만 에이버리만은 의연했다. "괜찮습니다. 저는 넘어지고 일어나며 무엇인가를 줍기 때문입니다." 이렇게 말하는 에이버리의 노트에는 지난 실험에서 얻은 교훈과 새롭게 짜낸 제안이 가득 적혀 있었다.

성공한 사람들은 실패도 잦다. 도전은 어떤 의미에서 실패를 전제하기 때문이다. 실패로부터 배운다는 것은 '성공 스토리'의 초벌 원고를 완성하는 것과 같다. 실패의 기록이 바로 그 초벌 원고이다.

병 나으려면 소문을 내라

정면돌파에 장사 없다

우리는 살아가며 많은 문제를 만나게 된다. 이때 문제를 방치하다 보면 더 큰 문제를 마주하게 된다. 문제를 드러내지 않고 꽁꽁 숨기다 보면 문제가 어느 순간 걷잡을 수 없이 커져 우리의 발목을 잡게 된다. 가능하면 문제는 겉으로 드러내야 하고, 내가 저지른 실수일지라도 돌출시켜야 한다. 옛말에 '병은 남들에게 내보여야 낫는다'는 말도 있지 않은가.

우리 회사에도 일찌감치 문제를 드러내 잘 해결한 일화가 있다. 과거, 제니엘 시스템 특송은 경쟁 업체에 비해 배송률이 매우 낮았다. 왜 이럴까 살펴보니, 우리 회사의 배송률이 나쁜 것이 아니고 다른 회사가 허위로 배송률을 집계하고 있는 것이었다. 당시 물품의 배송 여부는 담당 기사가 직접 체크하도록 되어 있었는데, 제니엘에서는 원칙대로 보고가 올라왔지만, 경쟁 업체에서는 허술한 방식으로 보고가 되고 있었던 것이다.

이 문제를 해결하기 위해 당시 배송 부서를 담당하고 있던 박춘홍 대표가 나섰다. 박 대표는 업계 최초로 배송 업무에 PDA 단말기를 도입했다. 그리고는 고객이 배송을 받는 즉시 전자 서명을 하도록 했다. 이제 배송률은 전송된 정보를 통해 실시간으로 집계됐다. 물론 100퍼센트 신뢰할 만한 수치였다. 우리 회사는 이런 진실을 알려 고객사를 설득할 수 있었고 현재 가장 믿음을 주는 기업으로 발돋움하게 되었다. 배송률이 낮다는 진실을 감추고 경쟁사를 이기기 위해 허위 집계를 강화했다면 얻을 수 없는 신뢰였다. 나타난 현상 그대로를 인정하고 정공법으로 돌파한 것이 주효했던 것이다.

최선의 방어는 공격이라는 말이 있다. 하지만 부당한 공격에 부당한 공격으로 대응하게 되면 결국 진실이 사라진 진흙탕 싸움에 휘말린다. 정면돌파는 떳떳한 명분을 추진력으로 삼을 때 비로소 효과가 나타난다는 것을 잊지 말자.

둘러대면 독이 된다

미국의 케네디 대통령은 쿠바의 핵무기를 제거하기 위해 미해병 특수부대를 침투시켰던 적이 있다. 그러나 정보가 누설되었고 작전은 실패로 돌아갔다. 벼랑 끝까지 몰린 케네디 대통령은 잘못을 숨기지 않았다. 오히려 진실을 인정하여 대통령의 자리를 지킬 수 있었다. 반면 닉슨 대통령은 '워터게이트' 사건에서 볼 수 있듯이, 국민의 의문에 거짓말로 일관하다가 대통령직에서 물러나야 했다.

일본의 도요타 자동차 역시 문제를 숨기려다 큰 타격을 입은 적이 있다. 문제의 발단은 미국에서 일어났다. 가속 페달이 고장 난 렉서스 차량에 탑승해 있던 일가족이 사망하는 사고가 발생한 것이다. 그러나 도요타는 자동차의 결함을 쉬쉬하려는 듯 적극 대처하지 않았다. 소비자들의 불만이 일어났다. 결국, 도요타는 사고 5개월 후 전면 리콜 지침을 밝혔지만, 이미 기업 이미지에 큰 타격이 가해진 뒤였다. 이 일로 도요타는 포브스 기업 순위 3위에서 36위로 추락했고, 2조 원가량의 손실을 보았다.

일한다는 자체가 문제를 해결해 나간다는 뜻이다. 이럴 때 '객관'의 눈으로 과와 공을 냉정하게 인정해야 할 필요가 있다. 문제가 생긴다면 그것을 투명하게 공개한 뒤 개선점을 찾아나갈 수 있도록 노력하자. 잘못을 인정하고 공개하는 일에 주저하지 말라. 다산 정약용은 '여박총피법如剝蔥皮法(파의 껍질을 벗기듯 문제를 드러내라)'이라는 말을 남긴 바 있다. 문제를 회피하지 말고 직시하라는 가르침이다. 공개되지 않은 문제에 해결책이 있을 리 없다. 쉬쉬하다가 키운 병은 명의도 손쓸 길이 없어진다.

3장

태도에 답이 있다

통하는 커뮤니케이션, 통하는 결재서류

고객은 **진심을 감지**한다

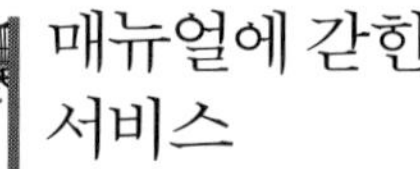

매뉴얼에 갇힌 서비스

예전에 한 지인이 공항 면세점을 이용하게 되었다. 그런데 어찌된 일인지 새로 발급 받은 카드를 사용할 수 없다는 말에 난처한 상황이 되었고, 지인은 급히 카드사 고객 센터에 전화를 걸었다. 콜센터 직원은 '지점에 직접 방문해서 등록하지 않으면 카드 사용이 어렵다'는 말만 되풀이했다. 이에 화가 난 지인은 전화를 끊고 담당 매니저와 전화 통화를 했다. 담당 매니저는 '원칙상 불가능하지만, 제 책임하에서 사용하실 수 있게 조치해 드리겠다'며 융통성을 발휘해 주었다. 무사히 쇼핑을 완료한 지인은 후에 그 매니저를 자신의 회사로 스카우트했다.

위의 이야기에서처럼 우리는 원칙만 내세우는 상대방에게 답답함을 느끼는 경우를 자주 겪는다. 전화상으로 문제를 해결해야 할 때는 더욱 그러하다. 바쁜 일정상 모든 만남을 직접 갖기는 어렵다 보니 전화나 메일을 통해 소통하게 되는데, 얼굴을 마주하지 않은 채로는 상대의 응대가 최선인지 확신하기 어렵다. 게다가 항상 일정한 톤으로 정해진 매뉴얼에 따라 응대를 하다 보니, 조금만 원칙에서 벗어나도 '방침상' 어쩔 수 없다는 답변을 되풀이하게 된다. 관공서에 전화를 걸었을 때 해당 부서를 찾아 연결하는 데만 어마어마한 시간을 소요한 경험이 있을 것이다. 이는 체계를 위해 정작 중요한 고객의 마음을 외면하는 일이다. 그렇다면 반대로 고객의 입장을 생각해 보자. 당신의 고객 역시 당신의 응대를 받으며 같은 기분을 느끼고 있지는 않을까?

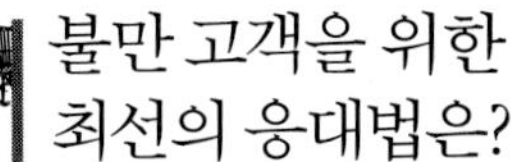

불만 고객을 위한 최선의 응대법은?

당신이 거래처나 고객과 의사소통해야 할 때, 상대의 만족도를 높이고 싶다면 우선 자신의 태도를 점검해야 한다. 우리는 흔히 '정답'을 말하면 된다고 생각하기 쉽다. 그러나 상대는 정답을 넘어 '최선의 답'을 듣고 싶어 한다. 상대에게 최선을 제시하려면 당신이 상대의 입장을 절실히 공감하고 있다는 사실을 먼저 드러내야 한다.

응대에서 공감이 얼마나 중요한지를 보여주는 연구가 있다. 영국 노팅엄 대학의 요하네스 아벨러 박사는 불만 고객 응대에 관한 실험을 진행했다. 어떤 상품의 배송을 지연시킨 뒤, 소비자 불만이 접수되면 정해진 방법에 따라 응대하는 실험이었다. 우선 '선의의 표시로 5유로를 지급하겠다'는 방법을 써 봤다. 금전적 보상을 받은 불만 고객 가운데 23퍼센트만이 불만을 철회했다. 한편, 다른 고객군에는 '정말 죄송하며 사죄의 말씀을 드린다'는 표현을 했다. 사과를 들은 불만 고객의 45퍼센트가 불만을 철회했다.

이렇듯 사람은 상대방의 진심을 느끼면 마음을 돌린다. 물질적 보상은 심리적 보상이 이뤄진 후의 문제다. 만일 당신이 해결할 수 없는 문제를 듣게 되었을 때조차 "그 문제는 제 소관이 아니니 다른 부서로 연락해 보세요"라는 답 대신 "제가 고객님 입장이었어도 당황스러웠겠습니다. 불편을 끼치게 되어 대신 사과드립니다"는 말을 전해야 하는 이유가 여기 있다. 공감의 말은 본능적으로 용서를 부른다.

입장은 바꿔볼수록 좋다

힙합 바지를 입은 은행가

이케아는 스웨덴의 가구 업체로, 자유롭고 개방적인 기업 문화를 지녔다. 이런 이케아가 권위적이고 보수적이기로 유명한 독일의 투자은행인 드레스너방크와 투자 협상을 하게 되었다. 이 때문에 혹자는 두 기업의 협상 테이블이 어색한 분위기로 흐르리라 예측하기도 했다.

결과는 정반대였다. 이케아 협상단이 짙은 푸른빛 정장을 입고 나온 반면, 드레스너방크 협상단은 힙합 바지에 티셔츠를 입고 나왔기 때문이었다. 평소에는 상상할 수도 없는 양측의 모습에 협상단은 서로 미소를 지을 수밖에 없었다고 한다. 협상은 두 말할 필요도 없이 원활하게 이뤄졌다.

기업과 기업은 물론, 개인과 개인 사이에서도 상대의 문화와 취향을 알고 이를 존중해 주려는 배려는 양쪽 모두를 기분 좋게 한다. 특히 서로의 의견을 조율해야 하는 협상 자리에서 역지사지는 기본이 되는 덕목이다.

협상이 비즈니스의 핵심 기술로 떠오르며 각종 협상법이 유행처럼 떠돌고 있다. 그러나 실전에서 서로가 견제의 기술만 발휘하다 보면 협상 테이블은 금세 경직되고 만다. 오히려 협상의 달인이라 불리는 이들은 '상대의 입장에 서라'는 말을 가장 강조한다. 상대의 속마음을 헤아려 보고, 상대가 제기하는 반박 중에서도 받아들일 만한 내용이 있는지 찾아야 한다. 상대를 배려하고 이해하다 보면 사람 대 사람으로서 유연히 대처할 수 있게 된다.

타 부서의 마음이 되라

'무궁화전자' 역시 이런 역지사지로 탄생한 기업이다. 삼성 이건희 회장은 삼성의 매출 증가세 부진 등을 타개하기 위해 '모두 다 새롭게 시작하자'는 의미의 '삼성 신경영'을 발표한 바 있다. 신경영의 주요 골자는 좋은 제품을 만드는 데 있었지만, 이건희 회장은 이보다도 인간미·도덕성·에티켓을 중시해야 한다고 강조했다. 이때 신경영의 일환으로 장애인이 다닐 수 있는 회사를 만들어 보자는 아이디어가 나왔다.

이건희 회장에게 사업 계획서가 올라왔다. 그런데 그 계획서에는 보통 사람이 생각할 만한 내용만 적혀 있었다. 이건희 회장은 그 계획서를 만들어 온 직원에게 세 가지 질문을 던졌다. 첫째, 장애인의 입장에서 바라봤는가? 둘째, 장애인의 친구 입장에서 바라봤는가? 셋째, 장애인의 부모 입장에서 바라봤는가? 그 직원은 모두 아니라고 답했고, 모든 걸 다시 준비할 수밖에 없었다. 그 결과 장애인 전용 사회복지법인 무궁화전자가 탄생하게 된 것이다.

이기심, 즉 자기 본연의 사고는 인간의 본능이다. 우리 회사에서도 경영 회의가 다가오면 기획팀이 밤을 새워 일해야 하는 상황이 찾아온다. 자료를 넘겨줘야 할 영업부에서 바쁜 업무 탓을 하며 자료 전달을 미루는 경우가 있기 때문이다. 이런 상황은 결국 상대 부서의 악감정을 초래하며 회사 전체의 조화와 밸런스를 무너뜨리는 결과를 초래할 수 있다.

배려 받고 싶다면 배려하라. 대접 받고 싶다면 대접하라. 당신이 상대를 배려하는 만큼, 상대도 당신을 배려하기 마련이다. 성공하는 이는 상대의 입장에 서기를 마다하지 않는다. 상대를 고려하면 할수록 자신에게 호의가 돌아온다는 점을 잘 알기 때문이다. 역지사지는 원활한 업무, 인간관계를 위한 조화의 아름다움을 탄생시킨다.

될 일 vs 안 될 일

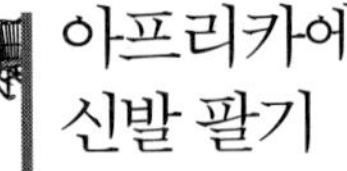
아프리카에
신발 팔기

유명한 신발 회사 두 곳이 있었다. 기존 신발 시장이 포화 상태에 이르자, 각 회사는 신규 시장 개척을 위해 아프리카로 직원을 파견했다. 아프리카에 도착한 두 직원은 전통 방식으로 살고 있는 원주민을 마주할 수 있었다. 본국으로 돌아간 두 직원은 각기 탐방 결과를 회사에 보고했다. '전원 맨발, 수출 가능성 제로'라는 보고를 받은 A 회사는 진출을 포기했다. '전원 맨발, 가능성 100%의 황금 시장'이라는 보고를 받은 B 회사는 그것을 계기로 글로벌 경영 전략을 세워 승승장구하게 되었다.

생각의 차이가 성공과 실패를 가르게 된 사례는 또 있다. 만약 '절 앞에서 빗을 팔아 오시오'라는 과제가 주어진다면, 당신은 어떻게 하겠는가? 어떤 이는 '절에 사는 사람이라면 스님뿐인데, 스님은 머리카락이 없으니 망했군'이라고 생각할 것이다. 하지만 다른 이는 '이 빗으로 머리를 빗으면 머리가 맑아집니다'와 같은 문구를 이용해 절에 자식의 합격을 기원하러 온 학부모를 공략할 것이다.

생각을 바꾸면 성공이 찾아온다. 살아가면서 어떤 생각을 가지느냐에 따라 우리는 행복을 얻을 수도 있고 세상을 바꿀 수도 있다. 반대로 아무 생각이 없거나 고정관념에 매여 사는 사람에게는 발전이 없을 수밖에 없다. 영화 〈넘버3〉의 대사처럼 '잠자는 개에게는 햇빛이 비치지 않는다.'

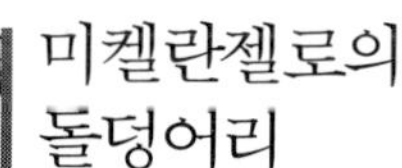

미켈란젤로의 돌덩어리

얼마 전 신문에 미켈란젤로의 이야기가 소개된 적이 있다. 그가 '다비드' 상을 조각하고 있을 때 이야기다. 어린 소녀가 그에게 물었다. "왜 그렇게 돌을 두드리고 계세요?" 그러자 미켈란젤로가 답했다. "꼬마야, 이 안에는 천사가 들어 있어. 나는 천사를 깨워 자유롭게 해 주고 있단다.” 조각이 끝난 작품에서는 누구나 멋진 천사를 볼 수 있다. 하지만 조각이 되지 않은 돌덩이 속에서 천사를 발견하기란 쉽지 않다. 참고로 이 돌덩이는 미켈란젤로에게 오기 전 여러 쟁쟁한 예술가의 손을 거쳤다고 한다. 모두가 쓸모없는 돌이라고 포기했지만, 미켈란젤로만이 돌 속에서 천사의 형상을 찾아내었다. 남과는 다른 미켈란젤로의 눈, 그리고 다른 생각이 모두가 포기한 돌덩어리를 걸작으로 탄생시켰던 것이다.

당신이 마주하는 평범한 일상 속에서 '다비드'를 일깨우고 싶은가? 그렇다면 남들과는 다른 생각을 갖기 위해 노력하라.

행운은 낮출 때 온다

기내에서 생긴 일

오래전 일이다. 출장 때문에 비행기에 올랐는데 내 자리에 다른 누군가가 앉아 있었다. 내 좌석뿐 아니라 다른 사람의 좌석에도 서로 다른 누군가가 앉아 있었다. 시스템 오류 같았다. 비행기 안은 순간 아수라장으로 변해 버렸다. 대다수의 승객은 우왕좌왕하며 정신없이 행동하다가 이내 항의의 목소리를 높이기 시작했다. 이런 순간 자신의 존재를 확실하게 어필하지 않는다면 손해를 볼 것이라는 생각은 누구나 한다.

그런데 몇몇 사람만은 달랐다. 이들은 문제가 해결되기를 바라며 조용히 뒤에서 기다렸다. 나 역시 기다려 보는 수밖에 없겠다 싶어 이들 편에 함께 섰다. 승무원이 곧 다른 승객들의 자리를 찾아 주었다. 모두가 착석한 다음 승무원이 우리에게로 왔다. 우리의 좌석을 업그레이드해 주기 위해서였다. 단지 조용히 기다렸을 뿐인데 우리는 비즈니스석에 타는 행운을 얻게 되었다.

나의 인간성은 최고다?

자신을 밖으로 내세우기보다 낮출 줄 아는 자세를 두고 '겸손'이라 부를 수 있다. 그러나 많은 이는 착각 속에 빠진 채 살아간다. 회사에서 역량 평가를 실시해 보면 이를 알 수 있다. 본인 스스로를 평가할 때면 대부분이 자신에게 최고 등급을 부여한다. 객관적으로 주변에서 나쁜 평가를 받고 있는 분야마저도 최고 등급을 매기는 경우가 종종 있다.

어느 조사 기관에서 백 명의 리더를 대상으로 질문했다. '당신은 리더십이 있다고 생각하십니까?' 이에 70명이 '그렇다'고 답했다. 이어서 '당신은 인성이 좋은 사람입니까?'라고 묻자 25명이 '나의 인간성은 최고다'라고 답했다. 두 질문 모두 '보통보다 못하다', '별로다'라고 답한 사람은 겨우 1~2명에 불과했다.

　중요한 사실은 때로 착각이 우리의 눈을 가려 자신에게 부족한 점을 보지 못하게 한다는 점이다. 사실 직장에서 동료가 자신의 부족함을 지적해 주는 경우는 흔치 않다. 자기 자신을 되돌아보는 겸손을 갖추지 않는다면 자신의 부족함을 혼자만 모른 채 지내게 될 수도 있다. 그러면 노력을 게을리하게 되며, 쓸데없는 자존심으로 일을 그르치기 쉽다. 성공 기업에 대한 조사에서도, 10년 후 남아 있는 기업은 현재 기업의 20퍼센트에 불과하다는 결과가 있었다. 지금 좀 잘나간다고 해서 자만하지 말라는 이야기다.

　사람은 누구나 자신을 소중히 여기며, 자신이 그에 맞는 대접을 받아야 한다고 생각한다. 하지만 자신의 능력을 정확히 알고 진정으로 자존감이 높은 이들은 겸손의 미덕 또한 갖추고 있다. 겸손이란 수줍음, 자기 비하, 과소평가 등과는 거리가 멀다. 우물 안에 갇힌 개구리나 보일 법한 자신감을 버리고 허세와 허풍을 멀리한다는 뜻이다. 겸손한 이들은 말을 할 때도 ‘바쁘신 줄 알지만 도움이 필요합니다’, ‘그렇게 해 주신다면 제게 큰 도움이 될 것입니다’라며 공손함을 나타낸다. 흥미롭게도 자신의 힘으로 성공을 거둔 사람은 한결같이 겸손한 태도를 보인다. 이들은 자신의 사회적 지위를 과시하려 들지도 않는다. 대신 겸손과 여유로 자신을 감싼다. 자신을 낮추는 겸손의 힘은 생각보다 강하다.

상사와 **부하 사이**

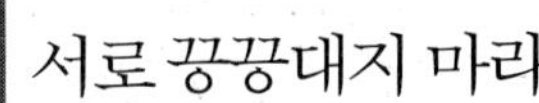 서로 끙끙대지 마라

직장 생활에서 상사와 부하 직원 사이의 커뮤니케이션은 매우 중요하다. 대부분의 상사는 부하 직원을 속속들이 알고 싶어 한다. 업무의 영역에선 더욱 말할 것도 없다. 하지만 부하 직원이 제대로 보고를 하지 않아 신뢰를 쌓을 기회가 부족해지는 경우가 흔히 생긴다. 이런 상태에서 다른 루트를 통해 부하 직원에 대한 이야기를 듣게 되면 오해가 생기기 일쑤다. '다른 루트' 란 주로 부서의 동료나 상사 같은, 경쟁자나 감독자이기 마련이다. 제3자에게 평판을 전해 듣게 되면 상사가 부하 직원에게 갖던 신뢰에 금이 가게 된다.

이런 상황을 방지하려면 부하 직원은 상사에게 맡고 있는 업무 진행 상황에 대해 꼼꼼한 중간보고를 반드시 해야 한다. 고생해서 한 일이라도 마감일이 임박해서 말을 전하다 보면 문제가 생기기 쉽다. 상사 입장에서 '이건 아니다' 싶은데 말도 못하고 혼자 난처해하는 상황에 빠진다.

부하 직원이 상사에게 지시 받을 때 주의해야 할 점도 있다. 첫째, 지시를 육하원칙에 맞게 들으려 노력해야 한다. 만약 질문 사항이 있으면 반드시 바로 되물어야 한다. 지시 받은 내용은 문서로 만들어서 상사에게 확인해야 더욱 확실하다. 둘째, 보고서를 만들 때에는 타기업이나 동료의 진행 상황을 종합해 최선의 안으로 준비해야 한다. 조율과 토론을 거쳐 최종 보고서를 만들고 결재가 나면 이를 시행하고, 시행한 결과는 다시 보고하는 사이클을 만들어야 한다.

따뜻한 리더가 통한다

부하 직원이 보고 의무를 준수하는 동안, 상사는 부하 직원의 일이 잘 진행될 수 있도록 방향을 잡아주어야 한다. 우선

부하 직원이 일을 보고하고 의견을 구하는 데 어려움이 없도록 분위기를 조성해야 한다. 또한 문제점이 발생하면 함께 고민하고 해결해 주어야 한다. 부하 직원의 장단점을 파악해서 교육하되, 잘못된 점을 바로잡아 주기 위해 칭찬과 격려를 아끼지 않아야 한다.

부하 직원의 입장에 놓이게 되면 누구라도 작은 실수를 하기 마련이다. 이럴 때 신뢰가 쌓여 있는 관계라면 질책 대신 용서와 따뜻한 조언을 아끼지 않게 된다. 상사와 부하 직원 사이에서 무엇보다 '신뢰'가 가장 중요한 이유가 여기에 있다.

삼국지에는 '용인불의 의인불용用人不疑 疑人不用(사람을 쓸 때는 의심하지 말되 의심이 가는 사람은 쓰지 마라)'이라는 말이 등장한다. 삼성의 리더인 故 이병철 회장과 이건희 회장도 이 원칙을 철저히 지킨다고 한다. 상사와 부하 사이에 신뢰가 없으면 부하 직원은 자기 일에 최선을 다할 수 없게 된다. 번뜩이는 아이디어가 있더라도 혹시 모를 실수와 그에 따른 처벌이 두려워지기 때문이다. 결국 관습에 따른 일 처리를 하게 되니 회사가 발전할 리 없다.

한편 신뢰가 부족한 상사는 언제나 전전긍긍하게 된다. 부하 직원에게 일을 맡겨 놓고도 믿을 수가 없으니 언제나 물가에 아이를 내놓은 마음이다. 부하 직원이 문제를 만들어 놓고도 제대로 보고해 주지 않을까 노심초사하지만, 꼬치꼬치 간섭하는 상

사가 될까 가슴만 졸인다. 리더십의 대가 워렌 베니스는 '관리자
는 통제에 의존하지만 리더는 신뢰를 높이다'라고 말한 적이 있
다. 리더십 있는 상사가 되기 위해 새겨들어야 할 조언이다.

부하 직원의 장래에 가장 큰 영향력을 미칠 수 있는 사람이 바
로 상사라는 점을 잊지 말아야 한다. 반대로 훌륭한 부하 직원은
상사의 뛰어난 리더십을 빛내 주는 불빛이다. 역지사지! 상대의
눈으로 나를 바라볼 때 신뢰가 형성된다. 신뢰야말로 상사와 부
하 직원 사이에서 든든한 커뮤니케이션의 토대가 된다.

바위를 뚫는 물방울

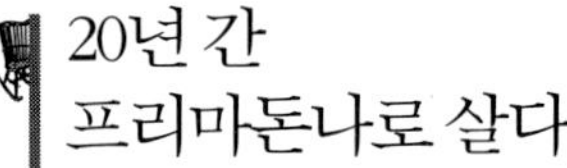

20년 간
프리마돈나로 살다

뉴욕에 위치한 오페라하우스 '메트로폴리탄'은 성악가라면 누구나 바라는 꿈의 무대다. 홍혜경 씨는 이곳의 오페라단에서 프리마돈나로 활약하고 있는 세계적인 오페라 가수다. 한번은 신문에 그에 대한 기사가 실린 적이 있다. 기자가 그에게 "메트로폴리탄에서 20년 이상을 주연 배우로 활동해 올 수 있었던 놀라운 비결이 무엇이냐"고 물었다. 그는 "보통은 길어야 5년을 일하고 자리를 옮긴다. 나는 나의 장단점을 파악하고 조금씩 발전시키며 어제보다 오늘 더 잘할 수 있도록 노력했다. 다른 사람은

132

한 곳에서 오랫동안 일하게 되면 역량이 줄어들지만, 나는 오히려 해가 갈수록 발전하니 계속해서 이곳에 머물 수가 있었다"고 답했다.

사실 이렇게 행동하기는 말처럼 쉽지가 않다. 자기 자신의 몸을 가다듬고 매일 훈련에 임하려면 엄청난 의지와 실행력이 필요하다. 성공하기 위해서는 말보다 꾸준한 행동이 먼저다. 시대 변화에 발맞춰 좋은 아이템을 선점하는 일도 중요하지만, 같은 조건 내에서도 지속적으로 노력하는 사람이 결국은 성공하는 법이다. 옛말에도 '승거목단 수적석천繩鋸木斷 水滴石穿(노끈으로 톱질해도 나무가 잘리며 물방울이 떨어지면 바위도 뚫는다)'이라는 말이 있지 않은가. 인터넷이 일상이 된 시대에서 우리는 적은 노력으로 단시일 내에 성과가 드러나는 일을 선호한다. 하지만 운을 바라고 배팅하듯 노리는 성과 치고 오래 가는 것은 없다. 로또 복권에 당첨된 사람들의 대다수가 수십억 원의 돈을 흥청망청 써 버리고 주위 사람까지 잃어 폐인이 되는 것은 어찌 보면 당연하다. 요행히 큰돈을 가질 수는 있어도 큰돈을 운용할 수 있는 그릇은 단시일 내에 만들어지지 않기 때문이다. 잊지 말자. 천천히 쌓은 것이 오래 간다.

역사 속에도 의지와 끈기만으로 경지에 오른 사람이 있다.

조선 중기의 문인 '김득신'의 이야기다. 명문가 출신인 김득신은 엄청난 '돌머리'로 전해진다. 어린 시절 그는 초심자가 보는 십팔사략十八史略을 사흘 동안이나 배우고도 첫 단락조차 읽지 못해 주위의 한탄을 자아냈다. 하지만 그는 포기하지 않았다. 한 번 손에 잡은 책은 내용을 전부 욀 때까지 읽었다. 실제로 그는 만 번 이상 읽은 글의 제목과 읽은 횟수를 기록해 두었다고 하는데, 자그마치 36편의 글이 여기에 든다. 그의 서재 이름 '억만재'도 이런 연유에서 붙었으리라 짐작할 수 있다. 이렇듯 꾸준히 노력한 결과 김득신은 '백곡집', '종남총지' 등의 대표작을 둔 당대 최고의 시인으로 이름을 남길 수 있었다.

직장에서도 마찬가지다. 특히 자신을 발전시키는 일, 회사가 필요로 하는 일, 상사가 좋아하는 일을 잊지 말고 반복해야 한다. 이런 일에 열중하다 보면 자연스럽게 자신이 돋보이는 날이 오기 마련이다. 지금 몰라준다고 포기하지 말자. 열흘 붉은 꽃도 없지만, 꽃을 피우지 못하는 씨앗도 없다. 낭중지추라 했다. 주머니 안의 송곳은 언제라도 튀어나오기 마련이다.

당신이 나비효과의 주인공이다

말 한마디에
추천장이 날아간다

전경련 조찬회에서 아주대 심리학과 이민규 교수의 강연을 들은 적이 있다. 이날 강의는 '끌리는 CEO는 1%가 다르다'라는 주제로 진행되었다. 강의의 요지는 우리의 작은 행동이 엄청난 변화를 일으킬 수 있으므로 말 한마디, 행동 하나에도 신중할 필요가 있다는 것이다.

'북경에 있는 나비 한 마리의 날갯짓이 캘리포니아에 토네이도를 일으킬 수 있다'는 내용의 나비효과 이론은 이미 너무나 유명하다. 우리 인생 역시 이와 같아서, 오늘 아침의 밝고 희망찬 목소리가 하루, 어쩌면 평생을 좌우할 결정적인 요소가 될 수도 있다.

이민규 교수에게서 들은 한 일화가 기억에 남는다. 그가 어느 날 점심을 먹고 있는데, 학교에서 대학원생실에 대형 에어컨을 설치해 줬다는 말을 듣게 되었다. 교수는 에어컨 구매 비용과 전기료를 각자 부담해야 하는데, 대학원생실 에어컨은 학교가 무상으로 제공했으니 '그만큼 학교가 학생을 배려하고 있다는 뜻'이라는 말을 했다. 이 말을 들은 한 학생은 "정말요? 우리가 공부를 더 열심히 해야겠네요!"라고 답했다. 그러자 그 옆의 학생이 대뜸 이렇게 대꾸했다. "야, 우리는 등록금 내잖아!"

훗날 이 교수는 위 일화를 책에 싣게 되었고, '등록금'을 운운했던 학생을 다시 불러 그때 일을 기억하느냐고 물었다. 그 학생은 다른 부분은 기억하고 있지만, 자신이 한 말은 까맣게 잊고 있었다고 했다. 이 교수는 "만약 자네가 교수라면, 그리고 아주 근사한 회사에서 학생을 딱 한 명만 추천해달라는 의뢰를 받는다면, 누구를 추천하겠는가?"라고 물었다. 만일 당신이라면 어떻게 하겠는가? 당연히 감사할 줄 아는 학생을 추천할 것이다.

일자리를 얻기 위해 해마다 수많은 구직자들이 면접을 본다. 회사마다 어학 능력과 한자 시험 등 필수 교양을 판단하는 기준은 각기 다르지만 저마다 공통적인 전형이 있다. 바로 인성 부문이다. 면접관은 이미 수천 명의 구직자들을 만난 사람이기 때문에 구직자들이 그 자리에서 꾸며낸 말에 현혹되는 경우는 드물다. 사소한 행동과 말투, 습관에서 우러나오는 인성을 어필하려면 평소의 마음가짐부터 다잡아야 한다. 겸손하고 긍정적인 사람이 되려고 노력하다 보면 어느 순간 나비효과의 기적이 펼쳐질 것이다.

인사 두 번으로 거래처를 뚫다!

큰 변화를 이끄는 작은 행동에는 '인사'도 빠지지 않는다. 심지어 인사 두 번으로 거래를 성사시킨 사람도 있다. 어느 회사의 직원이 신규 계약을 맺기 위해 상대 회사를 찾아갔다. 그러나 이 회사는 번번이 요청을 거절했다. 어느날 그 직원이 엘리베이터에 타 문이 닫히기를 기다리고 있을 때 웬 중년 남자가 뛰어오는 모습이 보였다. 그는 큰 소리로 '안녕하세요!'라고 외치며 문이 닫히지 않게 버튼을 눌렀다. 잠시 후 직원은 구매부장을 만났고, 역시나 거절당하고 있는데 조금 전에 마주친 중년 사내가 방으로 들어오는 것이 아니겠는가. 직원은 또다시 큰 소리로 "자주 뵙습니다!"라고 인사했고, 두 번이나 인사를 받게 된 부사장은 거래를 승인했다.

단 두 번의 인사가 거래를 성사시켰다는 말이 어쩌면 믿기지 않을 수도 있다. 그러나 연륜 있고 지혜로운 사람은 작은 습관만으로도 상대를 꿰뚫어볼 줄 안다. 위의 부사장도 그 직원의 됨됨이를 파악하고 거래를 승인했을 것이다. 이처럼 무심코 지나치는 작은 일에 대한 우리의 태도가 우리의 인생을 좌지우지하게 된다. 인간관계나 비즈니스 관계에서 사소한 사항을 지나치지 말고 신중하게 생각하며, 항상 감사하는 마음으로 생활하도록 하자.

회사를 사랑하라

오래 하는 짝사랑처럼

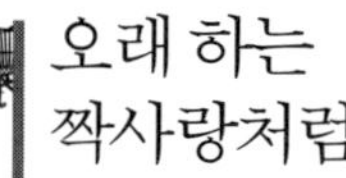

롯데그룹의 前 CEO 이종규 사장은 롯데제과 말단 사원으로 입사하여 고졸이란 학력의 벽을 극복하고 영업 본부장, 이사, 롯데호텔 상임감사, 롯데햄 사장 등을 역임한 전설적 인물이다. 그의 열정은 '이종규만큼만 일하라'는 말이 나오게 할 정도인데, 얼마나 열심히 일했던지 양쪽 엉덩이에 시커멓게 멍든 굳은살이 박였다고 한다. 그는 이 굳은살을 '직장 생활 33년에서 얻은 훈장'으로 표현한다. 그룹 내에서도 사정이 어려운 회사만 도맡아 회생시켜 왔다는 그는 입사 이후 받은 월급봉투를 모두 간직하고 있을 정도로 남다른 애사심을 보인다.

이종규 사장의 사례뿐만이 아니다. '회사에 대한 애정도 열정도 없었으나 어쩌다 보니 성공했다'는 성공담은 이제껏 들어본 적이 없다. 만일 당신이 CEO가 되기를 원한다면 회사를 위해 온 몸을 던져야 한다. 회사의 업무를 이해하고, 믿어야 하며, 회사의 문화를 습득하고 발전시켜야 한다. 그리고 지속적이고 공개적이며 거리낌 없이 회사에 대한 애정을 드러낼 수 있어야 한다.

하나의 조직은 CEO를 비롯한 모든 구성원들이 모눈종이의 한 칸 한 칸을 채워 가며 만든 분명한 실체다. 일단 회사를 사랑하기 시작하면 전체적인 업무의 흐름과 각 부서의 사람들이 수행하는 역할이 뚜렷이 보이기 시작할 것이다. 그렇게 함으로써 회사의 오장육부를 살피게 되고 허약한 부분과 건강한 부분을 인지할 수 있게 된다. 물론 말단 사원이 보는 회사와 핵심 간부가 보는 회사는 다를 수밖에 없다. 중요한 것은 자신의 위치에서 감지할 수 있는 문제에 대해서는 언제나 촉각을 세우고 해결 방안을 모색할 준비가 되어 있어야 한다는 점이다. 새로운 것을 보고 혁신을 모색하려면 일단 관심을 가지고 사랑하라.

못난 자식 키우는
내리사랑처럼

'준혜어'는 700억 원대의 매출을 자랑하는 기업이다. 이곳의 대표 강윤선 씨에 관한 기사를 접한 적이 있다. 그녀가 어릴 때 미용실에 갔는데, 한 고객이 짐을 좀 맡기려 하자 직원이 무뚝뚝하게 거절했다고 한다. 강 대표는 '나라면 짐을 친절히 받아 주고 그 고객을 평생 단골로 삼았을 텐데'라고 생각했다.

곧이어 '내가 미용 기술을 배워 보면 어떨까?'라는 생각이 들었고, 그날로 강 대표는 재학 중이던 여상을 그만두고 미용학원에서 기술을 배운다. 이후 돈암동 '고추잠자리'로 시작된 사업은 승승장구했고, 현재 강윤선 대표는 75개의 매장과 연봉 1억 이상의 직원만도 300명 넘게 거느린 어엿한 중소기업의 대표가 되었다.

입지전적인 두 인물을 통해 우리는 성공한 CEO의 특성을 짐작할 수 있다. 회사 내부에서 성장했든 창업을 통해 성공했든 CEO들은 자신의 일을 사랑하고 열정을 쏟아 붓는 데 주저함이 없다는 사실이다. 또한 사회적 편견으로 조롱당하거나 외면 받는 업종 역시 이들에게는 열정과 사랑을 바치는 대상으로서 부족함이 없다. 강윤선 씨에게도 '미용사 아줌마'라는 딱지가 붙었지만, 그는 이것을 한 번도 부끄러워 한 일이 없었다. 결국 이들을 성공한 CEO로 이끈 핵심 비결은 바로 자신의 일과 조직에 대한 무한한 사랑이었던 것이다.

우리 주변에서도 이런 사람을 만날 수 있다. 우리 회사가 초창기이던 시절, 한 직원이 퇴사하며 매뉴얼과 소모품을 챙겨간 일이 있다. 이를 알게 된 다른 직원은 싸움까지 해 가며 물건을 돌려받아 왔고 회사를 욕되게 하지 말라며 상대를 크게 혼내 주었다. 또한 회사의 기반이 지금만큼 다져지지 않았던 시절, 장래만 믿고 적은 급여를 받아가며 일하던 임원들이 자기 집까지 담보로 해 회사를 키우는데 기여해 준 일이 있다. 이들 대부분이 지금 회사의 중추로서 활약하고 있다. 당신도 당신의 일과 회사에 뜨거운 열정과 사랑을 바쳐라. CEO는 결코 오를 수 없는 나무가 아니다.

뻔한 생각을 하면 뻔한 사람이 된다

아들이 바꾼 로봇

900킬로그램의 무게에 2미터가 훌쩍 넘는 키, 육중한 로봇 파이터가 인간을 대신해 사각의 링을 지배하는 시대. 영화 〈리얼 스틸〉의 배경이다. 이 영화에는 한때 세계 2위였던, 그러나 챔피언 타이틀 도전에는 실패한 전직 복서가 등장한다. 그는 직접 싸워 이기는 대신 '로봇 파이터'를 만들어 못다 이룬 꿈에 다가서려 한다. 그러나 삼류 프로모터로 일하며 구입한 고철 덩어리로 강력한 로봇 파이터를 만들기란 쉽지 않다.

그러던 어느 날, 그는 존재하는 줄도 모르고 있던 아들이 살아 있다는 소식을 듣고 아들의 임시 보호를 맡게 된다. 함께 살게 된 아들이 로봇을 보는 시각은 아버지와 조금 다르다. 어린아이인 아들에게는 로봇 게임을 하며 익힌 '자연스러운 감각'이 있다. 아버지에게 로봇은 성공의 수단이지만, 아들에게는 형제애를 나누는 친구 같은 존재다. 결국, 마흔의 아버지와 열한 살의 아들이 함께 만든 로봇은 세계 로봇복싱리그 챔피언 '제우스'와 한판 붙어 승리를 쟁취한다. 아버지와는 다른 관점을 가진 아들의 도움이 있었기에 가능한 우승이었다.

사람은 모두 고유한 경험에 따른 생각 패턴을 가지고 있다. 생각 패턴은 우리가 어떤 상황에 처하게 되었을 때 적절한 대처를 하도록 도와주지만, 때로는 새로운 발상을 막는 장애물로 작용하기도 한다. 생각하기에 따라 아무것도 아닌 문제를 해결하지 못하는 것은 이 때문이다. 세상을 보는 관점에 따라 우리는 새로운 기회를 얻을 수도 있다.

디즈니랜드는 파티를 준비한다

디즈니랜드가 '손님'을 대하는 관점을 보자. 디즈니랜드는 '고객Customer'이라는 말 대신 '손님Guest'이라는 말을 사용한다.

고객이 손님이고, 손님이 고객이라 생각할 수도 있겠지만, 여기에는 디즈니랜드의 독특한 시각이 담겨 있다. '고객'이라는 말에는 상품을 구매해 주니 고마운 사람이라는 뜻이 숨어 있다. 그러나 방문객을 '손님'으로 칭하는 순간, 방문객은 '우리가 정성스레 마련한 파티에 초대 받은 손님'이 된다.

당신이 파티에 손님을 초대한 주인이라고 가정해 보자. 방문객을 대하는 당신의 태도는 사뭇 달라질 것이다. 따라서 디즈니랜드에서는 그곳에 놀러 온 손님의 성향을 일일이 파악해 손님이 무엇을 좋아할지에 맞춰 안내한다. 이런 관점의 차이야말로 디즈니가 세계 최고, 최대의 놀이공원으로 독보적인 성공을 거두게 된 핵심 비결이다.

부하 직원은 비용이 아니다

직장 생활 속 인간관계에서도 관점의 전환은 필요하다. 당신이 관리자라면 아랫사람을 '비용'이 아닌 '공헌자'로 생각해야 한다. 모든 사람은 사람 그 이상의 사람이며, 한 사람 한 사람을 대하는 소중한 태도가 훌륭한 관리자로서의 당신의 모습을 완성시켜 줄 것이다. 다음은 부하 직원을 대할 때 저지르기 쉬운 오류

들이다.

- 부하 직원은 비용이 아니라 공헌자다.
- 부하 직원은 도구가 아니라 도움을 주는 사람이다.
- 부하 직원에게는 명령이 아닌 요청을 해야 한다.
- 부하 직원에게는 덜 받은 것이 아니라 더 받은 것이다.
- 부하 직원을 감독하는 것이 아니라 잠재력을 끌어내는 것이다.
- 부하 직원을 직원으로서가 아니라 하나의 인간으로서 대접한다.
- 부하 직원을 꼭 필요한 사람이라고 느낀다.

무엇이 차이를 만드는가

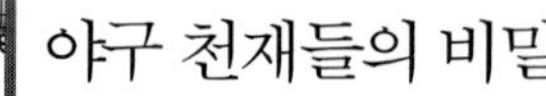 야구 천재들의 비밀

세계 야구사의 신화적 존재 테드 윌리엄스는 '20세기 최후의 4할 타자'라는 별명으로 유명하다. 그는 구단에서 실시하는 강도 높은 훈련을 마친 후 언제나 한 시간씩 별도의 연습을 했다고 한다. 한국 야구사에 한 획을 그은 이승엽 선수도 마찬가지다. 그는 다른 선수 모두가 자고 있을 새벽에 홀로 나와 연습을 했고, 그 결과 아시아 홈런 신기록 수립, 국내 선수 중 최초로 개인 통산 500홈런 달성 등의 업적과 함께 '국민타자'로 우뚝 설 수 있게 되었다.

어떤 분야에서든, 독보적 위치에 오른 사람에게는 한 가지 공통점이 보인다. '남들만큼'만 하지 않고 '남들보다' 더 한다는 점이다. 직장에서도 마찬가지다. 누가 더 잘하고 못하는지는 작은 노력에서 비롯된다. 어떤 직장 상사는 부하 직원의 생일 때마다 편지를 전달한다고 한다. 부하 직원에 대한 관심과 애정을 편지로 표현하는 것이다. 누구나 쉽게 돌릴 수 있는 명함, 무성의한 문자 메시지가 아닌 편지를 받게 된다면 상대방은 당신을 오래도록 기억하게 될 것이다.

신입 사원의 관찰

한 신입 사원과의 면담이 기억에 남는다. 당시 우리 회사의 지방 센터에서는 각종 공과금이 발생할 때마다 서울로 전표를 보내 본사에서 필요한 금액을 지원 받고 있었다. 매번 전표를 주고받다 보니 번거로운 업무가 늘어날 뿐 아니라 때로는 공과금 납부 기한을 지키지 못해 가산금이 발생하기도 했다. 이를 지켜본 한 신입 사원은 무의미한 시간과 경제적 비용을 줄이기 위해 각 센터에 선납금을 지급하는 방안을 회사에 건의했다.

사실 이런 식으로 회사의 손실을 줄일 방안을 찾는다면 얼마

든지 더 찾을 수 있다. 문제는 회사에 대한 관심과 애정, 남들과
는 다른 문제의식과 아이디어 그리고 해결 능력이다. 이것이 바
로 성공하는 사람과 실패하는 사람을 가르는 1퍼센트의 차이다.
무엇이든 성급하게 이루려고 서두르지 마라. 대신 사소한 차이
를 만들어 낼 수 있도록 일상 속에서 노력하라. 이야말로 느리지
만 성공으로 가는 지름길이다.

날고 **싶**으면 **비행기**를 **설계**하라

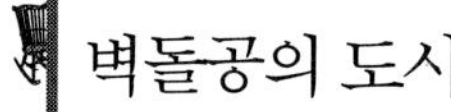 벽돌공의 도시

집을 짓는 벽돌공에게 물었다. "당신은 지금 무엇을 하고 있습니까?" 첫 번째 벽돌공은 퉁명스럽게 말했다. "보면 모르오? 내가 지금 뭘 하고 있는지." 이번에는 두 번째 벽돌공이 친절한 어조로 말했다. "저는 지금 38층짜리 빌딩을 짓고 있습니다." 세 번째 벽돌공도 활짝 웃으며 말했다. "우린 지금 이곳에 새로운 도시를 세우고 있답니다."

10년이 지난 후 이 세 사람은 어떻게 되었을까? 첫 번째 벽돌공은 그대로 벽돌공으로 일하고 있었고, 두 번째 벽돌공은 현장소장으로 진급해 있었다. 그리고 세 번째 벽돌공은 건설 회사의 사장이 되어 있었다. 이처럼 어떤 뜻을 세우느냐에 따라 미래는 얼마든지 변할 수 있다.

비전의 차이가 변화를 이끄는 예는 기업 간의 이야기에서도 찾을 수 있다. 미국의 케이마트는 월마트보다 월등한 규모의 매장과 매출을 가지고 있었다. 케이마트는 10년 후 매출 목표를 3천억으로 잡았다. 같은 시기, 월마트는 1조의 목표를 세웠다. 10년 후, 케이마트는 시장에서 사라져 버렸지만, 월마트는 글로벌 기업이 되어 있었다. 비전의 차이가 상상하기 힘든 결과의 차이로 드러난 것이다.

목표는 구체적일수록 좋다

비전은 특히 명확하고 상세해야 한다. 누구에게나 '인생의 목표가 있느냐', '그 목표가 무엇이냐'고 묻는다면 한누 마디쯤 답변을 들을 수 있다. 그러나 '그 목표를 달성하기 위해 계획서를 작성해 본 적 있느냐'고 묻는다면 대부분이 '그렇지 않다'고 할 것이다.

명확하고 상세한 목표에 대한 중요성을 보여주는 연구가 있다. 1953년, 미국 예일 대학에서는 졸업생을 대상으로 '목표 계획서를 작성해 보았는지' 조사해보았다. 작성해 본 적 있다는 응답자는 전체의 약 3퍼센트 수준이었다. 20년이 지난 1973년, 연구원들이 당시의 졸업생을 추적해 어떤 삶을 살고 있는지 확인해 보았다. 결과는 놀라웠다. 직업, 재정상태 등 모든 면에서 그 3퍼센트가 다른 97퍼센트를 압도하고 있었던 것이다.

같은 대학을 졸업한 이 연구 대상자들 사이에는 학력이나 능력의 격차가 별로 없다고 할 수 있다. 그러나 목표를 얼마나 구체적으로 설정했는지의 차이만으로 인생이 완전히 달라졌다. 크고 명확한 비전의 중요성은 아무리 강조해도 지나치지 않다.

플라톤이 말한 다섯 가지 행복

과음, 과욕, 과시를 경계하라

얼마 전에 본 재미있는 유머가 생각난다. 초등학교 3학년 학생에게 질문을 했다. "술을 먹고 시끄럽게 노래를 부르면서 집으로 오는 상황을 사자성어로 말해 본다면?" 어린이가 대답하기를 첫째는 '고성방가', 둘째는 '고음 불가', 셋째는 '이럴 수가!', 넷째는 '아빠인가?'였다. 이처럼 술이 과하면 웃지 못할 상황을 겪게 된다.

비단 술 문제뿐만이 아니다. 무엇이든 '과한 것'은 곤란함을 유발한다. 우리도 생활 속에서 과한 요구 때문에 곤혹을 치르는 경우가 종종 생긴다. 결혼 초기에 이혼하는 부부의 50퍼센트 이상이 '예물' 때문이라고 한다. 상대방에게 과한 예물을 바라는 경우, 상대방이 준비해 온 예물이 성에 차지 않는 경우가 상당히 많다는 뜻이다.

아래는 플라톤이 말한 '다섯 가지 행복의 조건'이다.

1. 먹고 입고 살고 싶은 수준에서 조금 부족한 듯한 재산

2. 모든 사람이 칭찬하기에는 약간 부족한 용모

3. 자신 있어 하는 부분에서 사람들이 절반 정도밖에 알아주지 않는 명예

4. 겨루어서 한 사람에게 이기고 두 사람에게 질 정도의 체력

5. 연설을 듣고서 청중의 절반은 손뼉을 치지 않는 말솜씨

행복은 부족함에 대한 만족이다

위 다섯 조건의 공통점은 '부족함'이다. 사람의 욕망은 끝이 없어 항상 지금 가진 양보다 더 많은 양을 갈구하기 마련이다. 그러나 지금 가진 바로도 충분하다고 여기며 언제나 부족한 수준에서 만족할 수 있다면 우리는 행복을 얻을 수 있다.

부족함에 대한 만족은 예로부터 동서양을 가리지 않고 강조되어 왔다. 『채근담』에는 이런 구절이 나온다. '집이 거대하여 천 칸이라도 잠잘 때는 여덟 자면 족하다. 논밭이 만경창파처럼 넓어 곡식이 많더라도 하루에 두 되 쌀이면 족하다. 내 집 담장이 남과 같이 높지 않고, 내 곳간의 쌀이 남과 같이 많지 않다며 슬퍼하지 마라. 남을 부러워하지 않는다면 생활의 괴로움이 절반으로 줄어든다.'

과욕은 인간을 불행하게 하고 잘못된 길로 안내한다. 선인의 지혜를 잘 유념해 너무 지나치지도 않고 모자라지도 않는 삶을 살아가기 바란다.

사람이 법보다 아름다워

규정상 노코멘트

어느 주말, 지방으로 가기 위해 국내선 비행기를 타야 할 일이 있었다. 저녁 7시에 출발하기로 한 비행기가 이륙도 하지 않고 15분이나 서 있더니, 급기야 모두 내리라는 말이 들려왔다. 기내가 웅성거리는 가운데 승무원에게 어찌 된 일인지 물어보았지만, 모르겠다는 반응뿐이었다. 가장 선임인 승무원에게 물으니 손님 중 두 사람이 탑승했다가 갑자기 내렸다고 했다. 그러자 다른 승객이 "그 손님이 내리기 전 다른 승객의 동의를 구했어야 하지 않느냐"고 항의했다.

항공 규정에 따르면 비행기 탑승이 끝난 후 누구든 다시 내릴 수 없다고 한다. 만약, 한 사람이라도 내리게 된다면 전원이 재검사를 받고 탑승하도록 되어 있다. 혹시 모를 테러 가능성에 대비하기 위한 조치다. 만약, 당신이 항공사 승무원이었고, 한 승객이 급히 내려야 한다고 주장한다면 당신은 어떻게 해야 했을까? 어쩔 수 없이 그 승객을 내려드렸다면, 그 이후에는 어떻게 대처해야 했을까?

내가 탔던 비행기의 승무원은 그저 '규정' 때문이라는 말만 꺼낼 뿐, 그 외의 정보나 대처 방법 등을 안내해 주지 않았다. 이 때문에 우리는 어리둥절해하며 비행기에서 내려 재검사를 받아야 했고, 상당한 시간을 그냥 흘려보내야 했다.

우리가 하는 모든 일에는 그에 따른 법이나 규정이 있다. 그러나 법과 규정만 들먹이느라 고객에게 최선을 다하지 못한다면, 이는 옳다고 할 수 없다. 위의 항공사에서 고객을 위하는 마음이 있었더라면, 재수속을 강요하기 전에 예의를 갖춰 고객의 동의를 구했어야 한다.

고객을 직접 대하는 서비스직은 사무직에 비해 아무래도 사람에 대한 스트레스가 심한 것이 사실이다. 고객 중에서는 표정 하나로도 기분이 좋아지는 사람이 있는가 하면 소위 '진상'이라 불리는 예의 없는 사람도 있을 것이다. 이들 모두가 같은 '고객'이다 보니 한결같은 마음과 미소로 모두를 대하기는 힘든 노릇이다. 그 결과 자신도 모르게 웃는 로봇처럼 기계적으로만 사람을 대하게 된다. 평소에는 이런 태도의 문제가 심각하게 드러나지 않지만, 큰일이 닥쳤을 때 치명적인 실수를 하게 된다. 불만을 품은 고객은 절대로 혼자서 분을 삭이지 않는다. 주위 사람들에게 하소연하거나 게시판에 공개적으로 성토하는 글을 올리기도 한다. 한 사람이 품은 불만이 백 명에게 나쁜 이미지를 심는 결과를 초래하는 것이다.

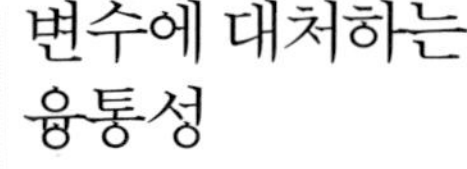

변수에 대처하는 융통성

차이는 고객에 대한 작은 배려의 마음에서 시작된다. 우리 회사에는 새로 발급된 신용카드를 카드 발급자 본인에게 배송하는 특송 부서가 있다. 신용카드는 반드시 본인에게만 전달되어야 하기 때문에 고객이 부재중일 경우 다른 날짜에 다시 찾아가야 한다. 그러나 고객은 이를 잘 모르므로 "지금 밖이니 다른 곳에 맡겨주세요"라고 요청하기도 한다. 이때 배송 담당 직원이 규정과 이유를 설명하고 "2주의 시간이 소요될 수 있는데, 어떻게 하시겠습니까?"라고 물으면 고객은 곰곰이 생각해 본 뒤 자신의 의견을 다시 알리게 된다. 이런 과정을 거치면 고객의 불만 사항이 확실히 줄어들 수 있다.

규정은 지켜지기 위해 존재한다. 그러나 현장에서는 규정을 만들 때 미처 고려하지 못했던 다양한 변수가 생기게 된다. 이럴 때는 규정만 내세우기 이전에 그러한 규정이 수립된 이유를 떠올려 보고 이에 맞는 융통성을 발휘해 고객의 만족을 극대화해야 한다.

처음처럼

**세상에서 제일 큰
채소 장사를 하여라**

20년 전 공항에서 근무할 때, 일본에서 자가용 비행기 스무 대가 왔던 적이 있다. 재벌이 아닌 일반 사람이 자가용 비행기를 타고 오는 것을 상상도 못했던 시절이었다. 나중에 이야기를 들어 보니 비행기 주인들은 채소 장사, 제빵업 등에 종사하는 사람들인데 다들 부자라고 하였다.

그때 왔던 사람 중 한 명은 어느 유명 식품 회사의 회장이었다. 그분이 이야기하기를 "초등학교 다닐 때 모두 커서 대통령, 장관, 검사가 장래 희망이라고 말했는데, 나는 채소 장사를 하겠다고 했다. 왜냐하면 부모님께서 채소 장사를 하셔서 나도 당연히 그 일을 해야 하는 줄 알았기 때문이다"라고 했다.

그의 답변에 반 전체는 박장대소를 하며 웃었지만, 담임 선생님만은 그러지 않으셨다고 한다. 대신 "그렇다면 이 세상에서 제일 큰 채소장사를 하여라"라고 말씀해 주셨다. 그 회장님은 "그 말 한마디에 용기를 얻고 노력해서 지금의 회사를 차릴 수 있었다. 결국, 그때 그 한 마디가 원동력이 되어 성공에 이를 수 있었다"라고 회고했다.

어린 시절 누군가가 건넨 말 한마디는 이처럼 강력한 힘을 발휘한다. 그 사람에게 인생의 전환점이 되어 주며, 큰 결심의 바탕이 되기도 하기 때문이다. 어린아이의 '첫 마음'을 일으켜 세우는 것은 이처럼 중요하다. 콩 심은 자리에서 콩 나고 팥 심은 자리에서 팥 난다. 시작이 좋아야 끝이 좋다는 말과도 통한다.

긍정의 프레임 짜기

세상은 마음먹은 대로 보이기 마련이다. 더욱이 첫 마음을 어떻게 먹느냐에 따라 세상살이는 엄청나게 달라질 수밖에 없다. 합격증을 받고 처음으로 회사 문에 발을 딛는 순간, 혹은 새로운 근무지나 업무 부서로 배치되었을 때 품은 첫 마음이 업무 성과와 나의 성공을 좌우한다. 그동안 꿈꾸던 회사가 아니라서, 내가 원하던 업무가 아니라서 부정적인 마음을 품는 순간 발전의 여지는 그만큼 줄어들 수밖에 없다.

이른바 '첫인상 효과'다. 첫인상은 한 사람에 대한 평가를 좌우하며, 한번 평가의 틀에 갇히면 여간해서 벗어날 수 없는 늪이 된다. 내 마음이 갖는 첫인상도 마찬가지다. 일단 부정적인 마음의 프레임에 갇히는 순간, 부지불식간에 회사나 업무로부터 멀어지려는 나를 발견하게 된다. 회사와 업무가 더 이상 '나의 것'이 되지 못하는 것이다. 그 결과가 무엇이 될지는 뻔한 사실이다.

우리는 항상 초심으로 돌아가자는 말을 한다. 특히 연말연시가 되면 한 해의 일들을 정리하고 다가올 해를 새롭게 맞이하자는 취지에서 저마다 금연, 금주를 비롯한 갖가지 계획들을 세우기도 한다. 그런데 '처음처럼'을 되새기며 잊지 말아야 할 것은 '첫 마음'을 기억하는 것이다. 초등학교 시절이든, 대학교를 졸업할 무렵이든, 누구에게나 첫 마음을 일으켰던 순간이 있을 것이다. 그때 내 마음을 일으켜준 이가 누구인지, 나는 어떤 사람이 되고자 했는지 곰곰이 의미 있는 회상에 젖어 보자. 뱃살을 빼서 몇 킬로그램을 감량하겠다거나, 얼마만큼의 연봉을 받겠다는 식의 구체적인 계획도 중요하지만 삶을 지탱하고 이끄는 것은 결국 숨어 있는 첫 마음이다. 누구에게나 따뜻하고 뭉클한 기억이 있을 것이다. 나를 일으켰던 순간들을 '처음처럼' 기억해 보자.

때로는 **아날로그가 되어라**

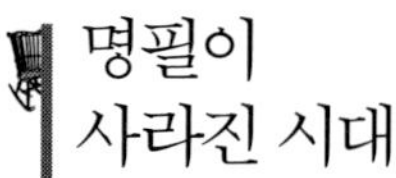 명필이 사라진 시대

최근에는 손으로 글씨를 쓸 수 있는 기회가 흔치 않다. 기껏 해야 서명란에 사인을 하는 정도다. 대부분의 글자는 타이핑 과정을 거쳐 선명하게 프린트된 A4 용지를 통해 나타나기 때문에 그 사람만의 고유한 글씨체를 알기 힘든 시대가 되었다. 조선 말기의 학자 김정희는 자신이 쓴 고유한 붓글씨인 '추사체秋史體'로 글자에 혼을 담았다. 가까운 과거만 하더라도 글씨를 잘 쓰는 것을 직업으로 하는 '필경사'가 있었다. 그런데 이제 대부분의 일터에서 자신만의 글씨체는 경쟁력이 되지 못한다. 세상이 이미 디지털화했기 때문이다.

이런 디지털 세상에서는 역설적으로 아날로그가 감동을 주기도 한다. 오래된 LP판의 음색을 그리워하며 턴테이블이 있는 술집을 찾는 사람이 있는가 하면, 1년 후에 편지가 배달되는 '느린 우체통'도 생기고 있다고 한다. 언제나 달릴 수는 없다. 때로는 멈춰 서서 아날로그가 되어 보는 것이 어떨까.

손으로 쓴 카드

언젠가 생일에 축하 카드 한 장을 받은 적이 있다. 일 관계로 이따금 만나는 유명 인사가 보낸 카드였다. 그가 건네 준 축하 카드에는 손 글씨로 적힌 인사말이 담겨 있었다. 그 인사말은 작지만 울림 있는 감동으로 내게 다가왔다. 평범한 생일 축하 카드였지만 그 안에 녹아 있는 진심이 전해졌기 때문이다.

손으로 쓴 글은 받는 사람을 감격하게 한다. 이메일과 문자 메세지가 범람하는 디지털 시대에 당신을 차별화시키며, 주고받는 사람 모두의 가치를 도드라지게 빛내 준다. 특히 필체를 통해 오가는 친근감은 스킨십 이상의 효과를 보인다. 글씨에 묻어나는 개성을 통해 상대방의 성향을 짐작할 수 있다는 점도 낭만적인 재미가 아닐까 생각한다.

　감사, 칭찬, 축하, 사과의 자리에서 손으로 쓴 글씨는 더 큰 힘을 발휘한다. 마음을 모아 상대를 떠올리며 한 글자 한 글자 써 내려가는 정성이 상대에게 전해질 수 있기 때문이다. ‘발표 훌륭했습니다’, ‘요리가 일품입니다’, ‘오늘 일은 제가 잘못했습니다’, ‘당신에게 꼭 알려주고 싶었습니다’와 같은 말을 손으로 써서 건네 보자. 의례적인 인사나 문자, 메일보다 훨씬 더 큰 울림을 전할 수 있을 것이다.

4장

사람이 혁신의 힘이다

함께 가면 더 빠르다

흔들의자에서 일하지 마라

나는 정말로 바쁜가?

업무 중에 정말로 열심히 일하는 사람은, 솔직히 드물다. 대부분은 호들갑을 떨고, 수동적으로 일하며, 마치 바쁜 듯한 인상만 만들어 낸다. 회의에 참석하고, 장황한 메모를 하고, 쓸데없이 시간을 소비한다. 앞뒤로 움직임은 많지만, 사실은 어느 곳으로도 이동하지 않아 실속 없는 상태를 일컬어 '흔들의자 증후군'이라고 한다.

정말로 열심히 일하는 사람은 굶주려 먹이를 찾는 짐승과 같다. 이들은 같은 시간 동안 일해도 집중력을 활용하여 어려운 일

을 해내며, 연구하고, 알아내고, 무엇을 어떻게 해야 할지 이해
해 버린다. 일의 실행에 있어 기본적인 상세 사항을 짚어 보고,
모든 기본적 관계를 고려하여 남과는 다른 성과를 낸다.

'흔들의자' 스타일의 사람은 시험공부를 할 때 단순히 열 번을
읽는다. 그러나 진정으로 공부하는 사람이라면 각 장을 분리해
공부하고, 장별 정보를 결합하여 시간에 비해 많은 양을 소화해
낸다. 이처럼 성공하는 사람은 늘 배움을 갈구하고, 시간을 활용
하며, 연구하는 자세로 모든 일에 임한다. 흔들의자에 앉아 헛된
시간을 보내지 않는다.

하루 두 시간의 효율

근무 시간을 밀도 있게 활용
하려면 어떻게 해야 할까? 몇
몇 기업에서 도입하고 있는 '집중근무시간제도'에서 힌트를 얻
을 수 있다. 이 제도는 직원의 업무 몰입도를 높이기 위한 방편으
로, 하루 중 특정 시간대를 '집중근무시간'으로 정하도록 되어
있다. 그리고 이 시간 동안 업무 외의 모든 일은 일절 금지된다.
사적 업무는 물론, 흡연, 잡담이 금지되며 회의도 자제해야 한
다.

사실 이 제도를 겪어 보기 전에는 왜 이런 이상한 제도가 필요한지 의문이 생길 수도 있다. 회의나 의사소통을 자제해야 하기 때문에 일이 지연되지는 않을지 우려가 되기도 한다. 그러나 효과는 놀라우리만큼 크다. 시간당 효율이 무척 높아지게 되기 때문이다. 시간 활용의 중요성을 깨닫게 된다는 점도 이 제도 시행의 효과라 할 수 있다.

한 조사에 따르면, 직장인 중 약 90%가 '업무에 집중이 특히 잘 되는 시간대가 있다'고 답했으며 반 이상의 직장인이 '오전 10~11시'를 최고의 시간대로 꼽았다. 또한 업무 집중력이 지속되는 시간은 평균 2시간 30분으로 집계됐다고 한다. 그렇다면 앞으로는 오전 10시에서 낮 12시까지를 나만의 '업무집중시간'으로 삼으면 어떨까?

우선 이 시간만큼은 절대 '딴짓'을 하지 않겠다고 스스로 결심한다. 커피를 마시러 일어나거나, 인터넷 기사를 읽지 말아야 한다. 가능하면 주변에도 이를 알려 급한 용무 외에는 호출하지 말 것을 부탁한다. 부서 전체가 '호출 기순'을 만드는 것도 좋다. 정말 급한 일을 제외하고는 서로를 즉시 부르기보다 미리 정해 놓은 시간에 만나 협의하도록 하는 것이다.

사람의 행동은 환경의 영향을 받기 마련이라, 옆 사람이 딴짓을 하면 자신도 딴짓을 하게 된다. 반대로 내가 먼저 일에 집중하는 모습을 보이다 보면 어느새 옆 사람도 업무에 몰입하고 있는 모습을 발견할 수 있다. 시간의 효율적 활용은 큰 무기다. 같은 시간에 더 높은 성과를 내고 싶다면 일정 시간대의 효율을 극대화하라.

미래보다 먼저 미래가 되어라

석유 회사의 결단

두 곳의 석유 회사가 있었다. 어느 날 A 회사에서 신에너지 사업에 투자를 시작했다. 태양열, 지열, 하이브리드 에너지까지 다양한 연구가 진행되는 데에는 천문학적인 비용이 투입되었다. B 회사는 불확실한 투자를 계속하는 A 회사를 보며 비웃었다. "석유 회사는 석유나 팔면 돼. 옆길로 새면 곧 망하는 법이야." 그러나 결과는 달랐다. A 회사는 투자한 만큼 결실을 얻어 '종합 에너지 회사'로 거듭났지만, B 회사는 석유 매장량이 고갈될까 전전긍긍하는 처지가 되었다.

위 이야기의 A 회사가 종합 에너지 회사로 재탄생하는 데에는 경영진의 혜안과 결단이 중요한 역할을 했다. 그렇다면 A 회사의 경영진은 어떻게 이런 결정을 내릴 수 있었을까? 바로 자기 회사의 '업'이 무엇인지 파악하고 있었기 때문이다. B 회사는 자신을 '석유 파는 회사'라고 단정했다. 하지만 A 회사는 '지금은 우리가 석유를 팔고 있지만, 석유가 고갈된 뒤를 생각한다면 종합 에너지 회사로 거듭나야 한다'라고 생각하고 있었음이 틀림없다.

업종은 진화한다

당신은 당신의 업이 무엇이라고 생각하는가? 우리나라에서 업의 개념을 가장 잘 아는 기업은 삼성이라고 생각한다. 故 이병철 회장은 백화점이 물건을 파는 장사가 아니라 임대업이라고 여겼다. 지금 생각해 보면 정확한 판단이 아니었나 싶다.

경영학의 아버지 피터 드러커는 '경영자가 사업에 성공하려면 자신의 업이 무엇인지를 간단명료히 답할 수 있어야 한다'고 말한 바 있다. 업이란 '사업의 본질'이라고 할 수 있다. 현대의 기업 활동은 직접적인 이윤을 창출하지 않는 경우도 있으며 그 영역

이 매우 넓어져 때로 무엇을 위한 활동인지 헷갈리게 되는 경우도 있다. 그러나 업은 시대와 환경이 변하더라도 유지되는 기업 활동의 고유한 속성이다.

사업을 잘하는 사람은 업의 개념을 확실히 안다. 업의 개념을 알기 위해서는 업이 언제 어떻게 생겨났는지를 알아야 한다. 아웃소싱은 전자계산기 때문에 생겨났다. 어느 기업에서 전자계산기를 만들었는데 사용할 수 있는 사람이 없었다. 그래서 전자계산기 회사가 가정주부를 고용해 그들을 교육시켰다. 그리고 그 사람들을 데리고 창고의 재고 조사를 시작했고 최초의 아웃소싱이 생겨나게 되었다.

신용카드 회사 직원이 자신의 업이 무엇인지 알기 위해서는 화폐가 무엇인지 알아야 하고, 외상의 개념을 알아야 하며, 이율이 어떻게 발생하는지 알아야 한다. 이 모든 내용을 공부하다 보면 결국 신용카드의 업이란 '외상 장사'이며 여기서 제일 중요한 일은 채권 관리, 즉 '돈을 얼마나 잘 받아 내느냐'라는 것을 알게 된다.

또한 업의 개념은 진화한다. 이 때문에 시대에 맞는 업의 개념을 선점하는 일이 필요하다. 시계 산업은 정밀 기계 산업에서 자동화 기계 산업으로, 그리고 패션 산업에서 명품(보석) 산업으로까지 진화해 왔다. 휴대폰 역시 아날로그에서 디지털 산업으로,

그리고 또 다른 업으로 진화 중이다. 나름의 목표와 핵심을 꿰뚫어 자신의 업이 무엇인지 파악한 후에 일한다면, 남들보다 앞서 미래를 여는 비전을 손에 넣는 행운을 얻을 수 있을 것이다. 수동적으로 하루하루를 보내다가 어느 순간 격변한 시장 상황에 당하게 되면 이미 때는 늦다. 미래에 질질 끌려가지 말고, 미래보다 먼저 미래가 되도록 하자.

애송이의 힘을 믿어라

'안전한' 고참의 딜레마

독일의 어느 자동차 회사에서 디젤 자동차의 연비를 높이기 위해 연구 중이었다. 그러나 아이디어는 쉽게 나오지 않았다. 이때 경영진에서 예상치 못한 결정을 내렸다. 기존에 있던 고참 엔지니어 대신 경력이 짧은 신참 엔지니어를 고용한 것이다. 그랬더니 놀랍게도 자동차의 무게를 20퍼센트나 줄일 방안이 나왔다. 이 성과로 연비는 크게 개선되었으며, 이 회사의 디젤 자동차 시장 점유율이 높아지게 되었다.

위 사례에서 경험이 부족한 엔지니어들이 좋은 성과를 낼 수 있었던 이유는 뭘까? 다름 아닌 '경험이 부족했기 때문'이다. 경험이 많아지면 그만큼 조심성이 늘어나게 되며, 새로운 아이디어를 접하더라도 한계점부터 파악하게 되는 경향이 있다. 이를 간파한 경영진이 과감한 승부수를 던졌던 것이다.

일반적인 업무 영역에서도 이런 일은 흔히 일어난다. 상급자일수록 섣부른 도전을 멀리하고, 일선에서 일하고 있는 직원이 제안을 해도 '안 돼', '위험해', '내가 해봤는데 실패할 거야'라고 단정하게 된다. 그러나 이런 '안전제일주의'는 기업의 적이다. 우선 좋은 아이디어가 사장되는 경우가 너무 많다. 때로는 너무 많이 알아서 부딪치지 못하는 경우가 생긴다. 겁이 나기 때문이다. 위기 상황에서는 저돌적으로 부딪치는 패기가 필요한데, 이를 '무모함'으로 치부해 버리니 도전 정신이 살아날 리가 없다.

아사히맥주의 필살기

아사히맥주는 저돌적인 아이디어와 전략으로 위기를 극복한 경우다. 아사히맥주의 전신인 대일본맥주는 기린맥주와 더불어 일본 맥주 회사의 양대 산맥이었다. 하지만 대일본맥주는 아사히맥주와 삿포로맥주로 분리되었고, 이후 아사히맥주는 점유율 10퍼센트 미만의 고만고만한 기업으로 전락한다. 이때 아사히맥주는 '전례가 없으니 할 수 없다고 하지 말자. 전례가 없으니 한다'로 전략을 바꾸었다. 안전제일주의를 버린 것이다.

아사히맥주는 고가의 최고급 원료를 해외에서 구입해 고품질 고가격의 맥주를 개발하였고, 그 결과 끈적이지 않고 쓴맛이 깔끔한 '슈퍼드라이'가 탄생하게 된다. 용기 디자인으로 승부를 보던 일본 맥주 시장은 단박에 '맛' 위주의 시장으로 재편되었다. 소비자가 원하는 취향은 잊지 않으면서, 아무도 시도하지 않았던 위험한 방식을 선택해 과감히 실행한 성과였다. 덕분에 아사히맥주의 시장 점유율은 50퍼센트 이상으로 올라 1위를 재탈환할 수 있었다.

때로는 불나방처럼

우리 회사에서도 좋은 아이디어가 실행되지 못한 채 버려지는 일이 많다. 신선하지만 위험해 보이니까 사장시키는 것이다. 이런 상황 속에서는 기업의 발전이 이뤄질 수 없다. 자연에서는 오늘이 가면 내일이 오지만, 기업 현실에서는 오늘과 똑같은 내일은 진정한 내일로 인정받지 못한다. 남과 다르지 않다면 죽음을 각오해야 하기 때문이다. 때로는 위험하니까 가치가 있다는 생각으로 과감하게 도전해야 한다. 그래야 남들과 달라질 수 있다.

상사라면 누구나 경험의 역설, 혹은 안전제일주의에 빠져 있는 건 아닌지 자신을 점검해 보아야 한다. 부하 직원이 참신한 아이디어를 낸다면 즉시 코멘트를 달아주고 실행을 위한 여건을 만들어 줘라. 또한 부하 직원은 자신의 아이디어에 대한 부정적 의견을 듣게 되더라도 이를 채찍질이라 생각하며 보완점을 찾아야 한다. 제안과 끊임없는 피드백 속에서 과감한 실행을 위한 여건이 무르익는다.

사랑만으로 살 수는 없다

부부는 호르몬을 뛰어넘는다

흔히 사랑의 유효기간은 3년이라고 한다. 아주 근거 없는 이야기는 아니다. 사랑에 빠졌을 때 우리 몸에서는 페닐에틸아민이라는 호르몬이 분비된다. 그런데 이 호르몬의 분비 기간이 짧게는 2~3개월, 보통은 6~18개월, 길게는 24~36개월 정도 된다고 한다. 그러니 생물학적으로 로맨틱한 사랑은 3년 이하라는 뜻이다. 소설가 박범신의 말처럼 연애란 '고도의 생물학적 긴장 상태'이기에, 연애를 끊임없이 지속해야 한다면 우리는 '피로사'하게 될지도 모르는 일이다.

그러나 우리 주위에는 3년이 지나도록 서로를 사랑하는 연인 혹은 부부가 여럿 있다. 이들의 몸에서는 페닐에틸아민이 계속 분비되기라도 한다는 뜻일까? 답은 호르몬보다 더 강력한 '일체감'에서 찾을 수 있다. 남과 어우러져 하나 되는 감정, 같이 있으면 안심이 되는 마음을 두고 우리는 '유대감' 혹은 '일체감'이라 한다. 오래된 연인이나 부부 사이에서는 함께 할수록 편안해지는 마음이 생기게 된다. 다시 말해 영원한 사랑이란 순간의 설렘이 아닌 이런 일체감을 두고 하는 말인것 같다. 역으로 생각해 보면, 행복한 연인이나 부부는 순간의 사랑이 아니라 일체감을 위해 오래도록 투자한 사람들임을 알 수 있다. 낯간지러운 커플룩을 입고 거리를 활보하거나, 사랑하는 이를 따라 낯선 취미를 붙이기 위해 애쓰는 게 다 그 때문이다.

쉽게 이별하지 마라

그런데 이런 일체감은 비단 연인 간의 사랑에만 국한되지 않는다. 직장에서 우리는 이런 일체감이 들기도 전에 회사를 그만두는 사람을 많이 만나게 된다. 어쩌다 보니 3일, 혹은 3개월, 6개월, 9개월처럼 3의 배수가 되는 때에 고비가 찾아온다. 어떤 회사는 새로 들어오는 사람이 기존에 있던 동료와 일체감을 가질 수 있도록 멘토링 제도를 실시하기도 한다. 그러나 일체감을 형성하기도 전에 떠나는 사람이 있기 마련이다. 그렇게 되면 떠나는 사람도, 남는 사람도 모두 상처를 받게 된다.

같은 부서에 새로 들어온 직원이 있다면 그 직원이 기업 문화에 잘 적응할 수 있도록 배려해 줘야 한다. 처음부터 무리한 업무를 맡기고 있지는 않은지, 업무 교육은 체계적으로 이뤄지고 있는지 살펴야 한다. 새로 들어온 직원이라면 누구든 최적의 시스템 속에서 생활하고 싶어 하는 것은 당연하다. 때때로 칭찬과 격려의 말까지 전한다면, 당신과 그의 동료애는 더욱 깊어지게 된다.

반대로, 혹시 지금 회사를 떠나고 싶어 고민하고 있다면 당신의 이직이 '도피성 이직'은 아닌지 꼭 점검해 봐야 한다. 입사 후 6개월 내에 하는 이직은 대개 '적응 문제' 때문이다. 이때는 냉정하게 자신을 되돌아보아야 한다. 이직으로 가는 길은 쉽지만, 그 결과는 보장될 수 없다. 자신이 회사에 원하는 항목과 회사가 당신에게 바라는 항목을 정리해 보고 현재의 위치에서 적응 혹은 개선해 나갈 길을 찾아봐야 한다.

한편 입사 후 몇 년 이상 지난 시점에서 이직을 고민하고 있다면, 자신의 목적지를 점검해 볼 필요가 있다. 누구나 같은 일을 반복하다 보면 매너리즘에 빠지게 되어 자연스레 이직을 떠올릴 수 있다. 하지만 목적지가 어디인지도 모른 채 생각 없이 저지르는 이직은 또 다른 이직을 부를 뿐이다. 입사할 때의 뜨거운 마음이 오래지 않아 식는다는 사실을 당연하게 여겨라. 권태기 없는 사랑은 없다. 이럴 때일수록 스스로 작성한 꿈의 지도를 펼쳐 보자. 지금 엉덩이를 가볍게 하기보다는, 일체감을 위한 노력 부족이 나의 업무와 일터에 대한 사랑을 잃게 하는 주된 요인이 아닌지 점검해 보자는 것이다.

사람의 잠재력까지 경영하라

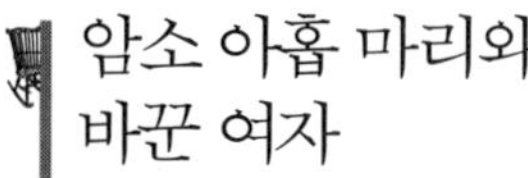

암소 아홉 마리와 바꾼 여자

한 의사가 아프리카의 어느 마을로 의료 봉사를 갔다. 그 마을에는 신부를 맞이하는 신랑이 신부 측에 암소를 주는 풍습이 있었다. 최고의 신붓감이라면 암소 세 마리, 괜찮은 신붓감이라면 암소 두 마리가 필요했지만, 그럭저럭 평범한 신붓감이라면 암소 한 마리로도 충분했다. 마침 이 마을에는 결혼할 때가 된 최고의 신랑감으로 꼽히는 청년이 있었다.

어느 날 아침, 의사는 이 청년이 무려 아홉 마리의 암소를 몰고 집을 나서는 모습을 보았다. 마을 사람들의 이목은 청년이 청혼하려는 대상이 누구인지에 쏠렸다. 청년은 촌장님 댁 앞도, 마을 유지의 집 앞도 그냥 지나쳤다. 마침내 청년은 한 낡은 집 앞에 멈췄다. 그 집에는 키에 비해 너무 마른 나머지 초라해 보이는 처녀가 살고 있었다. 신부로 선택된 사람은 바로 그녀였다. 마을 사람들은 이 일을 두고 어찌 된 일이냐며 수군거렸다. 의사도 영문을 알고 싶었지만, 마침 봉사 기간이 끝나 그 연유를 듣지 못하고 고국으로 돌아가게 되었다.

오랜 세월이 흐르고 나서, 의사는 자신이 의료 봉사를 했던 그 마을로 여행을 오게 되었다. 의사는 어느덧 큰 사업가가 된 청년을 마주치게 되었다. 청년은 의사를 저녁 식사에 초대했다. 청년의 집에 들어선 의사는 너무나도 우아하고 아름다운 여인을 발견했다. 그녀는 기품이 넘칠 뿐 아니라 외국어 실력도 우수해 의사와 의사소통을 하는 데 무리가 없었다. 어찌 된 일인지 궁금해하는 의사에게 청년이 말했다.

"저는 어릴 적부터 이 여인을 사랑했습니다. 그리고 저는 이 여인이 자신의 가치를 '암소 한 마리'라고 여기지 않게 되기를 바라며 청혼했습니다. 아내는 저의 진심을 알아주었고 차츰 암소 아홉 마리에 걸맞는 여인으로 변해가기 시작했습니다. 나에게 소중한 사람이 있다면, 그 사람에게 최고의 가치를 부여해야 합니다. 또한 내가 남으로부터 인정받고 싶다면 나 자신에게 최고의 가치를 부여해야 합니다. 이것이 제가 '암소 아홉 마리'에서 배운 인생의 교훈입니다."

이상은 '암소 아홉 마리'라는 아프리카의 유명한 우화다. 이 이 야기에서 우리는 한 사람의 잠재력이 발휘되는 계기는 누군가가 그의 가치를 인정해 주는 데 있다는 것을 알 수 있다.

인재 대우가 인재를 만든다

인재 투자에 대한 또 다른 사례가 있다. 한 사람에게 시간당 5달러의 임금을 지급하기로 하고 실제로는 4.75달러만 지급한다면 이 사람은 회사가 아끼려던 임금의 100배만큼 손해를 끼친다고 한다. 부당한 대우를 받았다고 느끼기 때문이다. 반면 시간당 5달러를 약속한 사람에게 이보다 조금 많은 대가를 지급한다면 그 사람은 회사가 자신에게 보여준 믿음이 옳았다는 사실을 증명하기 위해 더 많은 성과를 내게 된다고 한다.

이처럼 누군가를 믿고 그의 가능성을 높이 사준다면 그 사람은 당신과 조직을 위해 헌신하게 되며 이로써 조직 전체의 성과가 높아지게 된다. GE의 전 회장 잭 웰치는 크로톤빌 연수원을 지으며 투자 회수 기간을 적는 칸에 '무한대infinite'를 적어 넣어

숱한 화제를 낳기도 했다. 현대 경영의 귀재로 불리는 톰 피터스 역시 "기업의 최고 경영자라면 경기가 좋을 때는 교육 예산을 두 배 늘리고, 나쁠 때는 네 배 늘려라"라는 말을 남기기도 했다.

인건비를 무조건 줄이는 방식으로 회사의 경비를 줄여서는 안 되는 이유가 여기에 있다. 인재는 회사가 투자해야 할 최고의 자산이기 때문이다. 물론, 어느 조직에서나 대가를 받는 만큼 일하지 않는 사람이 존재하기 마련이다. 이때는 과감히 결단을 내려야 할 필요도 있다. 그러나 회사나 조직이 잘 되기 위해서는 먼저 직원들의 가치를 실제 이상으로 평가하며 인정해 줄 필요가 있다. 고평가된 가치에 대한 투자는 낭비가 아니라 언젠가 그 이상의 결실이 되어 돌아올 수 있기 때문이다.

좋은 것은 세월을 타지 않는다

낡은 미키마우스의 저력

'경영의 신'이라 불리는 일본의 마쓰시타 고노스케는 '고루하고 오래된 것이라도 확실하게 좋은 것이라면 투자하라'고 말한 바 있다. 기업의 중요한 임무 중 하나는 근로자에게 임금을 수는 것이지만, 주주에게 수익을 돌려줘야 한다는 것도 있다. 또한 기업은 고객의 욕구를 충족시켜 주는 일로 이익을 창출해야 한다는 본연의 임무를 갖고 있다. 이를 위해서는 고객의 니즈를 면밀하게 살펴보고 수익을 증대시켜야 하는데, 만약 고객이 좋아하는 부분이 있다면 그것이 낡고 고루한 것으로 보이더라도 과감하게 도전해야 한다. '낡은 것이냐 새로운 것이냐'가 아니라 '좋은 것이냐 나쁜 것이냐'의 문제로 패러다임을 전환하는 것이다.

월트 디즈니사는 고객이 무엇을 좋아하는지 파악한 뒤, 이미 50년 전에 만든 미키마우스 캐릭터를 상품화시켜 미국을 대표하는 상징으로 만들었다. 미키마우스는 책과 영화를 통해 대스타가 되었고, 인형에서부터 안경에 이르기까지 모든 상품에 캐릭터화해 판매되고 있으며, 디즈니에 상상을 초월하는 이윤을 안기고 있다. 낡은 미키마우스가 월트 디즈니의 새로운 신화를 탄생시킨 것이다.

전통까지 리모델링한 식당

낡은 것의 힘을 과소평가한 사례도 있다. 경주에 있는 어떤 유서 깊은 식당의 경우다. 처음에 이곳을 찾은 사람들은 직접 담은 곡주와 정성이 담긴 독특한 음식에 반하게 되었다. 하지만 장사가 잘 돼서인지 이후로는 분위기가 바뀌었다. 그동안 번 돈을 투자하여 최신식 설비를 갖추고 메뉴도 나름대로 '현대화'했지만 식당의 분위기는 완전히 딴판이 된 것이다. 게다가 설비에 대한 투자와 달리 음식의 질은 낮아졌고, 서비스는 불친절해졌으며 가격까지 인상됐으니 단골들의 발길이 끊긴 것은 당연했다.

사실 고객들이 좋아했던 건 고즈넉한 옛 분위기와 넉넉하게 즐길 수 있는 전통 음식의 묘미였다. 그런데 전혀 기대하지 않았던 현대식 분위기에 눈에 보이는 얄팍한 상술이 곁들여지자 실망만 안고 돌아갈 수밖에 없었다. 새로움도 고객이 좋아할 때에야 진정한 새로움이 된다는 사실을 망각했던 것이다.

고객의 **마음**을 읽는 **독심술사**가 **되어라**

IBM의 마음을 훔친 페덱스

작은 구멍가게도, 큰 기업도 소비자가 없다면 존재할 수 없다. 소비자는 기업 활동의 원천이자 궁극적인 목표이기두 하다. 그래서 소비자를 가장 가까이서 만나는 영업의 역할은 실로 중요하다. 영업! 어려워 보이는 일이지만, 몇 가지 원칙만 알아 둔다면 의외로 쉽게 고객에게 다가갈 수 있다.

내가 처음 회사를 시작했을 때 이야기다. 나는 미국과 영국, 프랑스 등지를 다니면서 좋은 아이템을 찾아 헤매고는 했다. 견학하고 싶은 기업을 찾아갔지만 문전박대를 당해 뒷문으로 숨어

들어야 했던 적도 있고, 만나 주지 않는 담당자를 한없이 기다리며 갖은 애를 쓴 적도 있었다. 한번은 유명한 술집을 무작정 찾아가 경영법을 배우기도 했다.

고되고 힘든 시간이었지만 온갖 종류의 사람과 부딪쳐 본 경험은 너무나 값진 자산이 되었다. 자꾸만 부딪히다 보니 '이런 사람에게는 이렇게, 저런 사람에게는 저렇게 하면 되겠구나'라는 나만의 영업 방식이 쌓인 것이다. 그렇다. 많이 돌아다니고 부딪쳐 보는 것은 영업의 달인으로 가는 첫 번째 코스다.

세계 최대 규모의 특별 수송 업체인 '페덱스'의 배달 품목 중에는 IBM 컴퓨터가 있다. 페덱스는 소비자에게 컴퓨터를 안전히 배달할 뿐 아니라, 조립, 프로그램 설치, 사용법 안내까지 대행한다. 이런 행동이 IBM에게는 어떻게 보였을까? 배송 후 작업까지 처리해 주는 페덱스 덕분에 비용도 아끼고 편리성도 높일 수 있어 매우 만족스러웠을 것이다. IBM에게 페덱스는 든든한 협력자로 자리 잡을 수밖에 없는 것이다.

이처럼 영업에서는 고객과 파트너 의식을 맺는 것이 매우 중요하다. 소비자가 시키는 일만 해서는 심부름꾼에 머물 수밖에 없기 때문이다. 소비자의 관점에서 비용과 이익 증대, 일의 효율성, 왜 이 일을 해야 하는지까지 고민한다면 소비자의 다음 니즈도 충분히 예상할 수 있다.

중매쟁이 지점장의 전략

오랜 친구가 증권 회사의 지점장으로 부임했다. 증권 시장의 영업은 이미 포화 상태라 신규 거래처를 뚫기가 쉽지 않다. 이 친구는 고민 끝에 지점 근처에 위치한 아파트 입주민들의 정보를 수집해 '중매'에 나섰다. 자신이 받은 명함 뒷면에 나이, 학력, 직업, 특징 등을 적어 가며 어울릴 만한 선남선녀들을 짝지어 준 것이다. 그러다 보니 그 정성에 반한 많은 사람이 새 고객이 되어 그를 찾아와 주었다. 이 역시 고금에 없던 새로운 영업 기법이자 고객의 잠재 니즈를 발굴해 성공을 거둔 사례 아닐까?

많은 영업자 중 '고객을 위해 나는 이런 일까지 해 봤다'며 자신 있게 말할 수 있는 사람이 몇이나 될까? 안타깝게도 직급이 올라갈수록 소비자와 만나는 것보다 내부 관리에만 신경 쓰는 것이 현실이 되어 버렸다. 직급이 높을수록 더 많은 소비자를 만나 발굴하는 것이 도태를 피하는 길인데, 반대 현상이 벌어진 것이다.

누구든 하루에 최소 2명의 고객을 만나되, 직급에 따라 사원은 한 군데, 주임과 대리는 두 군데, 팀장은 네 군데, 사장은 다섯 군데 이상의 거래처에서 고객을 찾아야 한다. 한 통의 전화벨이 울릴 때 최소한 10명 이상의 사원이 달려들어야 소비자를 잘 섬기고 있다고 말할 수 있지 않을까?

영업 사원처럼 고객을 생각하라

최전선에 서라

기업에서는 무엇보다도 '영업'이 중요하다. 영업은 기업이 성장하는 기회를 만들어 이윤을 창출해 내고, 그 이윤은 사회와 가정을 유지하는 중요한 요소가 된다. 관리직에 있거나 지원 부서에 있는 직원이라면 영업의 관점에서 생각해 보고 영업 사원의 입장에서 업무를 지원해 줘야 한다. 영업의 관점에서 업무를 바라보기 위해서 아래의 내용을 잘 숙지하는 것이 좋다.

1. '누군가 무엇인가를 팔기 전까지는 어떤 일도 생기지 않는다'

는 말은 영업의 중요성을 잘 설명해 주며 사업을 할 때 상기해야 할 가장 오래된 이치 중의 하나다.

2. 경리, 인사, 기획 등의 업무를 할 때도 영업 마인드를 항상 생각해야 한다. 기업의 주요 기능은 영업, 즉 판매이다.

3. 회사에서 직책이 무엇이든지, 어떤 종류의 회사이든지, 제품 및 서비스가 무엇이든지 간에 우리는 영업 사원의 눈으로 업무를 바라보아야 한다. 영업 사원은 고객과 가까이 있으며 고객의 불평을 듣고 지적을 받아들이는 최전선의 병사다.

4. 지원 부서의 관리자는 할 수만 있다면 영업 사원과 함께 현장에 가보고, 직접 영업 회의나 교육에 참석하고, 현장에서 무슨 일이 일어나고 있는지 배워야 한다. 그래야만 어느 조직에서나 영업 부서로부터 신임을 얻을 수 있고, 영업 관리를 해야 하는 이유를 깨닫게 된다. 영업 사원의 사기를 높이는 요인과 의욕을 잃게 하는 요인을 배워야 한다.

원점에서 한 번만 더 생각하자

프라이팬 손잡이의 본분이란?

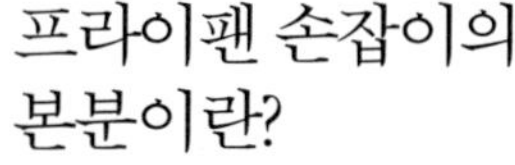

세계적 주방용품회사 옥소 OXO에서 새 프라이팬을 출시한 적이 있다. 넓고 두꺼운 고무 재질의 손잡이를 달아 손목에 관절염이 있는 사람도 손쉽게 다룰 수 있도록 한 제품이었다. 사소한 아이디어였지만 이전까지는 아무도 생각하지 못했던 혁신적인 제품이었다. 이 제품은 날개 돋친 듯 팔렸다. 주부의 내부분이 힘든 가사 노동과 무거운 주방 용품 탓에 '뼈마디가 쑤신다'는 말을 입에 달고 사는 것을 생각하면 당연한 일이었다.

그런데 이 제품의 성공에는 한 가지 눈여겨 볼 점이 있다. 만일이 제품이 관절염에는 좋지만 무언가를 굽고 튀긴다는 본래의 기능에서는 멀어졌다면 어땠을까? 성공은 기대하기 힘들었을 것이다. 프라이팬이 갖고 있는 실용성의 본질을 충족시켜 주지 않기 때문이다.

우리는 이 예를 통해 '혁신'의 올바른 방법론을 깨우치게 된다. '혁신도 기본에 충실해야 한다'는 것이다. 원래 혁신은 무에서 유를 만들어 내는 창조와 달리 있는 것을 고친다는 뜻에서 나왔다. 요즘 '혁신'이 하나의 트렌드가 되어 모두 '좀 더 바꿀 것이 없나'를 강박처럼 생각한다. 그러나 기본을 지키지 못하는 혁신은 사상누각에 불과할 수밖에 없다. 혁신에도 '원점 우선의 법칙'이 적용되는 것이다.

이틀 동안 작성한 출장 보고서

일본 오사카의 한 상사는 시간 관리 시스템을 철저히 운영하기로 소문이 났다. 이 회사에 다니는 사카이 씨도 조직의 방침에 따라 늘 시간을 아껴 쓰기 위해 노력한다. 그런데 사카이 씨는 업무상 매월 한 차례씩 도쿄 출장을 가야 했다. 신칸센을 타고 하루 만에 오가기는 하는데, 그래도 만만찮은 시간을 들이는 일이다. 업무상 어쩔 수 없는 일이기는 해도, 사카이 씨는 나름대로 시간을 절약하기 위해 최선을 다했다. 방문지를 도는 동선을 줄이고, 방문 시간도 짧게 하는 등 시간 관리를 위해 노력한 것이다.

그런데 이 상사에는 출장 시 경과를 보고하기 위해 반드시 서면 보고서를 제출해야 하는 의무 규정이 있었다. 사카이 씨도 다음날이면 언제나 출장 보고서를 작성한다. 서류 작성에 익숙하지 않은 그는 이 작업에 거의 이틀의 시간을 소모하게 된다.

어느 날, 일본의 경영컨설턴트 사토 료 씨가 이 회사를 방문해 사카이 씨에게 출장 보고서를 쓰는 이유를 물었다. 그는 "회사의 규정이고, 모두 그렇게 하기 때문"이라고 답했다. 그러나 출장 보고서란, 무엇인가 잘못되었을 때 보고하기 위한 수단이다. 출장에서 아무 문제가 없었다면 굳이 장황한 보고서를 올릴 필요가 없다. 결국, 사카이 씨는 출장에서 아끼려던 시간과 비용을 보고서 때문에 고스란히 낭비하고 있었던 것이다.

이렇게 된다면 굳이 출장 시 업무를 줄이면서까지 시간 관리를 한 이유를 알 수 없게 된다. 차라리 본연의 업무인 출장 업무에 공을 들이고, 불필요한 보고 규정을 혁신해 보다 효율적인 시간 관리를 해야 옳기 때문이다. 시간을 절약하는 이유는 아낀 만큼의 시간을 보다 생산적인 업무에 쏟기 위해서다. 보고서 쓰는

시간을 줄여 출장에서의 성과를 높이는 것이 바로 시간 관리의
원점이다.

우리가 일을 할 때도 이와 비슷하지 않을까. 혁신 방안을 짜보
라는 지시에 끙끙 앓으며 기발한 아이디어를 제출하지만, 현실
속에서는 대부분 무용지물인 경우가 많다. 아이디어가 기본을
잊고 있기에 현실과의 괴리가 생기는 것이다. 자동차의 원점은
안전하고 빠른 이동 수단이다. 이 본질을 충족하지 않는 한 제아
무리 혁신적인 디자인과 옵션을 추가해도 고객에게는 환영 받지
못한다.

'회의체' 사용 설명서

손으로 연못을 팔 수 있을까?

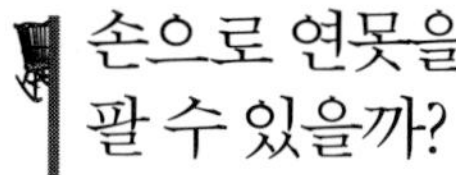

우리가 회사에 출근하는 이유는 어떤 문제를 해결하기 위해서다. 문제는 나 혼자보다 여러 사람과 함께 해결하는 편이 좋으며, 그래서 회의가 존재한다. 회의를 할 때는 주관하는 사람의 역할이 매우 중요하다. 잘못 진행된 회의는 끝난 뒤에 일만 많아지며, 무엇을 결정했는지 막상 세내로 파악할 수 없는 경우도 허다하다.

조그만 연못을 하나 파야 한다고 가정해 보자. 누구는 그냥 땅을 파야 한다는 생각만 하고 있다. 옆에 있는 사람은 손으로 땅을 파기 시작한다. 또 다른 사람은 삽을 들고 와 땅을 판다. 한편 이를 보고 있던 마지막 사람은 포클레인을 끌고 와 문제를 해결해 버린다. 누가 가장 빠르게 연못을 만들 수 있을까? 포클레인이라는 도구를 이용한 마지막 사람이다.

회의 역시 다수가 함께 의사 결정을 내릴 수 있도록 도와주는 유용한 도구다. '회의체'라는 포클레인이 있는데 이를 제대로 운영하지 못하고 있는 경우를 보면 아쉬운 마음이 든다.

다음은 회의를 제대로 하기 위한 네 가지 기본 사항이다.

1. 시간을 엄수하라.

시간 엄수란 회의 시작 시각뿐 아니라 종료 시각에도 적용되는 말이다. 잡다한 이야기를 나누느라 회의가 늘어지는 것을 경계해야 한다.

2. 목적을 명확히 밝혀라.

한 여행사에서 비수기 대응 방안을 논의하기 위해 회의를 열었다. 그러나 회의의 초점은 '대응 방안'이 아닌 '비수기'에 맞춰졌고, '비수기니까 여행 상품 공급을 줄여야겠네요'라는 결론이 도출됐다. 원래대로라면 신선한 여행 상품을 더욱 개발해 경영난을 타개했어야 한다.

3. 자료는 사전에 배포하라.

회의 석상에 앉고 나서야 자료를 받아들게 되면 회의는 토론의 장이 아닌 서류 검토의 장이 된다. 자료는 미리 배포하고 자료에 따라 각자 사전 조사를 하고 회의실에 들어올 수 있도록 해야 한다.

4. 회의록을 작성하라.

격렬한 회의가 끝나고 30분만 지나면 모든 아이디어는 잊혀진다. 결정된 사항, 앞으로 보완해야 할 사항만 추려 회의록을 작성하라.

경청이 기본

회의에 참석하는 사람이라면 제대로 역할을 수행할 수 있도록 준비해야 한다. 회의를 할 때는 모든 참석자의 의견을 모아야 하는데, 자신의 의견을 굽히려 하지 않거나 다른 사람의 의견을 흘려들어 진행이 제대로 되지 않는 수가 있다. 또한 이런 식으로 진행된 회의의 결론은 실행 과정에서 문제가 생겨 기대했던 결과물이 나오기 힘들어진다.

무엇보다 중요한 것은 회의에 참가하는 사람들의 태도다. '경청'은 회의할 때의 기본 덕목이다. 일본에서 아지노모토(우리나라로 말하자면 미원)란 획기적인 조미료가 처음 나왔을 때, 제품이 잘 팔리지 않아 회사가 부도 직전까지 가게 되었다고 한다. 이때 어느 신입 사원이 '조미료가 너무 쓰다'는 의견을 냈다. 회사는 이 의견을 받아들여 제품에 사카린을 첨가했다. 이후 아지노모토는 대성공을 거두게 된다. 말단 사원의 의견이었지만, 회사가 이를 경청했기 때문에 가능했던 일이다.

이처럼 회의를 할 때는 상대의 지위 고하를 막론하고 이야기를 존중하며 들어야 하고, 주관자는 모든 사람이 이야기할 수 있는 편안한 장을 마련해 주어야 한다. 회의란 회를 거듭할수록 지속적인 개선이 되어야 하는데 이를 행하기란 쉽지 않다. 회의체 시스템을 잘 이용해 모두의 의견을 모으되, 회의 시스템 자체에 대한 개선도 꾸준히 한다면 최고의 의사 결정을 내릴 수 있을 것이다.

단거리 경주와 마라톤을 구별하라

일본전산의 기동력

매출 8조 원의 기업 '일본전산'은 어떤 의사 결정을 내릴 때 그 속도가 속사포같이 빠르다고 한다. 일본전산의 직원 성과가 높고 회사가 발전할 수 있었던 이유는 일을 결정해 실행하고 나면 재빠르게 다음 일을 결정해 실행하는 순환 구조 때문인 것 같다. 이는 매사에 적극적이고 자신감에 찬 기업 문화, '안 된다'는 말 대신 도전하는 패기를 보이는 기업 문화와도 무관하지 않아 보인다.

한 번은 일본전산 영업팀에 '모터를 구입하고 싶은데 빠른 커

뮤니케이션이 필요하니 도쿄에 사무소를 설치해 줬으면 좋겠다'
는 고객 의견이 들어왔다. 일본전산이 있는 교토와 도쿄 간 거리
는 서울과 부산 간의 거리보다도 멀다. 그러나 일본전산의 결정
은 빨랐다. 회사 내 최연소 사원이 신혼 생활 중이던 아내를 이끌
고 도쿄로 가 단 일주일 만에 사무소를 개장한 것이다. 일주일
사이에 얼마나 빠른 의사 결정과 행동이 진행됐을지 상상이 되
는가. 이것이 일본전산의 경쟁력이었다.

돌이킬 수 있는가?

일본전산이 모든 고객의 요구
에 신속한 조치를 취하지는
않았을 것이다. 즉시 처리해야 하는 일의 종류를 잘 파악하고 있
었기 때문에 합리적으로 기동성을 발휘할 수 있었다. 무턱대고
무언가를 급히 결정하다 보면 자연히 위험 부담이 따를 수밖에
없다. 그래서 빠른 의사 결정은 늘 한 가지 전제가 바탕이 돼야
한다. 의사 결정이 필요한 영역에 전문적인 식견과 매뉴얼을 갖
추고 있어야 한다는 것이다. 여기에 한 가지 팁이 첨가되면 금상
첨화다. 바로 '취소가 가능한 의사 결정'과 '취소가 불가능한 의
사 결정'을 구분해 두어 의사 결정 과정의 군살을 빼는 것이다.

예를 들면 다음과 같다.

- **취소가 가능한 의사 결정** : 사무실 배치, 광고 스케줄, 사내 조직,
  회사 정책, 전화 서비스
- **취소가 불가능한 의사 결정** : 상호, 부동산 등 자산 구매, 채용, 사
  무실 인테리어, 컴퓨터 시스템

평상시 회사 차원의 '취소가 가능한 의사 결정'과 '불가능한 의사 결정'의 차이점을 구별하고 숙지한다면, 직급의 고하를 막론하고 신속한 대응과 책임감 있는 결정이 가능해진다. '취소가 가능한 의사 결정'은 차후 변경이 가능하기 때문에 상대적으로 빠르게 결정할 수 있다. '취소가 가능한 의사 결정'의 영향력은 상대적으로 적은 편이며, 일이 잘못되더라도 다시 수정할 수 있는 시간이 있기 때문이다. 반면 조직 내에는 '취소가 불가능한 의사 결정' 역시 있기 마련이며, 이런 경우에는 머리를 맞대고 정확한 의사 결정을 내리기 위해 노력해야 한다.

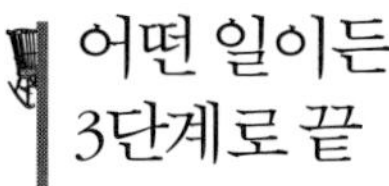

어떤 일이든 3단계로 끝

대부분의 회사에는 결재 서류

양식이 존재한다. 양식의 윗부분에는 '결재란'이라고 하여 사원·대리·과장·부장·사장 등의 사인을 기다리는 칸이 나열되어 있다. 그런데 웬만한 조직에서 이 모든 단계를 거치려면 하루 이틀로는 어림도 없다. 윗사람일수록 결재해야 할 안건이 많아져 병목 현상이 생기기 때문이다. 한편 윗사람은 과중한 업무량에 서류만 대충 훑어보게 되니, 시간도 낭비하고 인력도 낭비하는 시스템이라 할 수 있다.

이런 조직이라면 삼성의 '3단계 결재 시스템'을 참고할 수 있다. 과거 삼성의 결재 단계는 무려 24단계나 돼서 의사 결정의 속도가 시장의 속도를 따라가지 못했다. 이에 삼성은 '어떤 일이든 3단계로 끝낸다'는 방침을 정했다. 이 3단계란 기안—심사—결정 단계를 뜻한다. 평범한 의사 결정이라면 실무자인 사원이나 대리가 결재 서류를 작성한다. 그러면 바로 윗선에서 안건을 검토하고 부장급에서 승인을 내리는 방식이다.

자기 회사의 실정의 맞는 적절한 의사 결정 시스템 없이는 초스피드 시대에 대응할 기업 생명력을 기대하기 힘든 세상이다. 우리도 각자 효율적이고 안전한 의사 결정 시스템을 고려해 봐야 할 때다.

시스템이 핵심이다

예식장의 하객 접대

얼마 전 두 건의 결혼식이 같은 날 있었다. 먼저 열린 결혼식에 조금 일찍 도착한 나는 식당에 들어가 있기로 했다. 그런데 진행 요원이 무조건 입장 순서대로 자리를 지정해 주는 바람에 나는 얼굴도 모르는 어느 일행 사이에 껴서 어색한 식사를 마쳐야 했다. 다음 결혼식은 한 호텔에서 열렸는데, 식장 입구에 좌석 배치도와 모임별 테이블이 적혀 있었고, 덕분에 나는 오랜만에 아는 사람을 만나 안부와 축하 인사를 건넬 수 있었다.

하루 동안 전혀 다른 결혼식을 겪다 보니 왜 이런 차이가 발생하게 되었을까 생각해 보게 됐다. 답은 '시스템'에 있었다. 아주 작은 배려였지만, 테이블마다 표시된 모임 이름 덕분에 일일이 아는 사람을 찾으러 다니지 않아도 되니 매우 편리했다. 이처럼 잘 된 시스템을 마련하면 일하는 사람은 물론, 그 결과물을 이용하는 고객의 만족도도 높아진다. 각 기업에서 경영에 시스템을 도입하려는 이유도 여기에 있다.

비슷한 예로, 불과 몇 년 전까지만 해도 은행에는 번호표가 없었다. 사소해 보이지만 번호표가 있고 없고의 차이는 크다. 번호표가 생긴 뒤부터 고객에게는 약간의 여유가 주어졌다. 내 차례가 되었는지, 누가 새치기를 하지는 않는지 일일이 확인할 필요가 없어졌기 때문이다. 줄을 길게 서지 않아도 되니 예측되는 대기 시간만큼 잡지를 읽거나 음악을 들을 수도 있고, 대기 시간이 길 때는 잠시 다른 일을 보고 올 수도 있게 되었다.

예전 회사에서 생긴 일이다. 당시 회사 전화선은 고장이 잦아 수리 기사를 자주 불러야 했다. 그런데 전화선을 고치는 기사들을 유심히 살펴보니, 어떤 사람은 오자마자 금방 고치지만 어떤 사람은 종일 작업해 놓고도 결과가 엉망진창이었다. 이유는 간단했다. 일을 잘하는 기사는 선마다 이름을 붙여 고장이 난 회선만 고쳤지만, 일을 못하는 기사는 이것저것 건드리기만 했다. 일하는 방식이 얼마나 중요한지 깨닫게 해 준 작은 사건이었다.

일할 맛 나는 회사의 비결

최근 우리 회사에서는 신입 사원을 맞이했다. 한 달여에 걸쳐 교육 받은 신입 사원이 제대로 적응하지 못하면 회사뿐 아니라 직원에게도 큰 영향이 발생한다. 자신이 해 오던 일을 신입 사원에게 넘기고 새로운 일에 투입될 줄 알았는데, 신입 사원이 나가버려 업무가 가중되기 때문이다.

그런데 똑같이 채용을 해도, 신입 사원이 오래도록 남아 있는 회사는 따로 있다. 한 지사에서는 처음 온 사람에게 해결되지 못하고 남아 있던 힘든 배송 업무를 한꺼번에 맡기고 있었다. 이곳에 들어온 사원은 하루만 겨우 버티고 나가기 일쑤였다. 반면 직원이 오래도록 머무는 지사에 가보면, 첫날은 배달하기 좋은 아파트나 빌딩에서 일을 시작하게 하여 업무를 점차 늘려준다. 이처럼 직원이 오랫동안 일하는 곳에는 다 이유가 있다.

우리 회사가 막 도급 업무를 시작할 때의 일이다. 업무에 꼭 필요한 기계가 종종 고장나고는 했는데 수리를 하는 동안 일을 선뜻 하지 못해 손해가 컸다. 좋은 방법이 없을까 고민하다 '주기표 시스템'을 만들었다. 아침에 조장과 반장이 30분 먼저 출근해 모든 기계를 사전 점검하고 그 결과를 표시하는 시스템이다. 이렇게 하니 다른 직원들은 출근 후 바로 일할 수 있게 되었고, 기계

고장도 줄어 생산성이 높아졌다.

선진국은 '시스템이 잘 잡혀 있는' 국가다. 기업도 마찬가지다. 대기업은 물론, 소기업일지라도 강력한 조직에는 모두 독자적 시스템이 구축되어 있다. 직원 훈련을 아무리 잘해도 개개인의 편차란 존재하기 마련이며, 같은 사람이라도 오늘과 내일의 결과물이 다를 수 있다. 시스템은 이런 불확실성을 줄여 준다. 주변의 문제를 하나 떠올려 보라. 혹시 개인의 역량이나 근무 자세만을 탓하고 있지는 않은가? 그렇다면 이제는 시스템을 바꿔라. 시스템을 바꾸면 과정과 결과가 모두 안정되는 법이다.

혁신 아이디어의 주인이 되라

끊임없이 시도하고 수정하라

새로운 제품과 서비스를 만들어 내는 아이디어는 고객을 창출하고 회사에 생기를 불어넣어 준다. 아이디어 창출 과정은 무에서 유를 만들어내는 일인 만큼, 변화를 지지하는 문화가 있어야 성공할 수 있다.

아이디어를 냈다면, 끊임없는 수정과 보완도 필수적이다. 브로드웨이 공연의 경우, 연극 초고가 완성되었다고 해서 바로 출판하거나 공연하지 않는다. 이때부터 수백 번의 수정을 거듭하여 철저히 검증되어야만 비로소 무대에 세워진다고 한다. 최근 세계적인 붐을 일으키고 있는 K팝도 마찬가지다. 보통 K팝의 제작 시스템은 총 4단계로 나뉜다. 준비 단계인 1단계에서는 철저한 사전 조사를 통해 캐스팅을 한다. SM엔터테인먼트사는 30만 명의 지원자 중 100여 명만을 선발하는데, 여기에서 합격해야만 비로소 2단계 트레이닝을 받을 수 있다고 한다. 2단계 트레이닝에는 보통 5년 이상이 걸린다고 하니, 세계적인 스타는 한순간에 나오지 않는다고 할 수 있겠다. 3단계에서는 세계적인 프로듀서를 초청하여 최신 경향에 맞는 노래와 안무를 선택한다. 마지막 단계에서는 현지 파트너와의 네트워크를 활용하고 글로벌 프로모션을 열어 현지화 작업에 들어간다고 한다.

우리도 각자의 아이디어를 상품화하여 자신만의 경쟁력을 만들어야 한다. 가장 중요한 것은 '무엇이라도 시도해 보라'는 점이다. 광고를 구상하고, 모형을 만들고, 견본을 뽑아 보고, 그 다음에 좀 더 수정하는 작업을 반복해야 한다. 만일 아이디어가 좋지 않다고 판단될 때는 바로 포기한다. 그러나 실현 가능성이 있다는 판단이 들 때는 리스크를 감수하면서 단계적으로 투자를 늘려가는 방식이 좋다. 그런 과정에서 아이디어의 비약이 이루어지기도 하고, 실현을 위한 계기가 마련되기도 한다. 문제는 성과가 즉각 나타나지 않는 이 지루한 작업을 끝까지 밀어붙일 수 있는 뒷심이다.

믿고 **맡기면 통**한다

닌텐도사의 두 영웅

우에무라 미사유키는 닌텐도사의 연구 개발자다. 그는 가난한 집안에서 태어나 제대로 된 장난감을 가져 보지 못했다. 대신 손재주가 뛰어났는데 쓰레기장에서 주워 모은 부품으로 놀이 기구를 만들었다고 한다. 실력이 얼마나 비상한지, 무선 조종 비행기도 만들 수 있었다. 그는 독학으로 산업대학에 들어가 전자 공학과를 졸업했다.

대학을 졸업한 우에무라는 태양전지를 만드는 회사에 들어갔는데, 그를 지켜봐 온 한 사람이 닌텐도사로의 스카우트를 제안한다. 닌텐도로 직장을 옮긴 우에무라는 태양전지를 이용한 광선총을 개발한다. 이 광선총은 70년대 초반에만 100만 팩 이상 팔려 나가며 선풍적인 인기를 끌었다. 닌텐도의 주식은 오사카 증권 거래소 1부에 상장되기도 했으며 덕분에 닌텐도사의 주가도 급등했다.

광선총의 성공 이후 우에무라는 새로운 게임기 개발에 착수한다. 연구에 연구를 거듭해 마침내 독자적인 회로판이 만들어졌다. 이 회로판에는 핵심적인 반도체 칩이 필요했다. 우에무라는 대형 전자 회사인 리코에 찾아가 반도체 공급을 부탁한다. 그러나 리코는 이 일이 이득이 될지 손해가 될지를 두고 고심한다.

이때, 소식을 들은 닌텐도의 야마우치 회장은 '리코에 2년간 300만 개의 반도체를 주문하겠다'는 약속을 한다. 당시 일본 유수의 한 게임기 회사 판매량이 연간 2~3만 대 수준이었으니 이 약속은 정말 파격 그 자체였다. 회장의 지원 덕분에 우에무라는 전설적 게임기 '패미콤'을 출시할 수 있었고, 닌텐도는 두 달 만에 50만 대를 판매하는 진기록을 수립했다.

그런데 이 일화 속에는 최고의 개발자 우에무라 외에 또 다른 주인공이 숨어 있다. 바로 닌텐도의 회장 야마우치다. 그는 한 직원이 우에무라를 스카우트하고 싶다고 했을 때에도 꼭 잡으라는 지시를 내렸다. '꼭 잡으라'는 말과 '2년간 300만 개의 주문을

하겠다'는 두 마디가 직원의 사기를 북돋아 주었고, 직원의 자신
감은 회사의 성공으로 직결됐다.

신바람 나는 조직

잭 웰치는 "신바람 나게 일하
는 직원이 바로 자신감이 있
는 직원이다"는 이야기를 했다. 자기 주관이 뚜렷한 직원은 변화
의 회오리 속에서도 몸을 사리지 않는다. 자신감이 있는 직원은
아이디어를 더욱 풍성하게 하는 지적 싸움을 즐기며, 개방적이
고, 끊임없이 무언가를 배우는 조직 문화를 만들어간다.

그렇다면 자신감 있는 직원으로 이뤄진 조직은 어떤 특징을
가지고 있을까? 우선 각 직원이 업무를 맡기에 충분한 지식과 능
력을 갖추고 있다는 점을 꼽을 수 있다. 직원에 대한 재교육이
중요한 이유가 여기에 있다. 자신감은 그 사람의 역량과 정비례
한다는 점에 유의하라. 직원 교육에 투자하지 않는 조직은 자신
감도 잃게 된다.

또한 부서별 · 개인별 목표가 명확히 설정되어 있다. 목표는
업무의 기준점이다. 목표가 명확하지 않다면 문제 상황에서 무
엇을 기준으로 대안을 선택해야 할지 알 수 없게 된다. 목표가

흐리멍텅하다면 우리는 옳은 일을 하고도 성취감을 느낄 수 없다. 성취감은 자신감의 가장 중요한 밑바탕이다.

성취에 대한 보상도 중요한 부분이다. 보상에는 여러 종류가 있지만 많은 사람이 있는 자리에서의 칭찬이 제일이다. 경영진 혹은 상사가 자신의 능력을 인정해 주었다는 느낌은 자신감과 직결된다. 특히 과거에 실패한 적이 있어 자신감을 잃은 직원에게는 칭찬만 한 특효약이 없다.

자신감 있는 직원은 상대가 싫은 소리를 하면 그를 다시 설득한다. 또한 자기 의견이 도전 받을까 봐 두려워하지도 않는다. 개방적 태도, 적극적 자세가 조직에 신바람을 불러온다. 신바람 나는 회사에 먹구름이 덮일 까닭이 있을까? 자신감이 성공의 키워드다.

웃음을 관리하면 **실적**이 **따라온다**

래퍼 승무원의 FUN 전략

어떻게 하면 즐겁게 일할 수 있을까? 사실 일은 즐거움보다는 만성 피로를 불러올 때가 더 많을 만큼 혹독하다. 그렇지만 재미있게 하지 않으면 성과가 나지 않는 것이 또 일이다.

미국의 저가 항공사인 사우스웨스트 항공은 새로운 방식을 찾아 즐겁게 일하고 성과를 내는 것으로 유명하다. 총 여객 운송 수 세계 3위에 달하는 이 항공사는 치열한 항공 업계에서 승승장구하는 경쟁력을 가지고 있다. 비법은 특유의 'FUN' 문화다.

사우스웨스트 항공사의 기업 철학에는 'FUN'이 빠질 수 없다.

단박에 와 닿으면서도 쉽게 공유되는 이 기업 철학은 기업과 직원 사이의 동질감을 강화시킨다. 그래서 이 항공사에 대한 직원 충성도는 매우 높은 편이다.

사우스웨스트 항공에서 유머 감각은 필수다. 이를 보여주는 대표적인 예가 있다. 모든 비행기에서는 이륙 전 항공기 탑승에 대한 안내 방송이 흘러나온다. 정돈된 분위기의 안내 방송을 듣다 보면, 발음도 또박또박하고 내용도 논리정연하지만, 왠지 집중도가 떨어지는 듯한 느낌이 든다. 아마 이 지루한 안내 방송을 듣는 둥 마는 둥 넘기는 승객도 많을 것이다.

그러나 사우스웨스트 항공의 한 승무원은 이를 랩으로 승화시켰다. 이 승무원은 마치 무대에 선 래퍼처럼 안내 방송을 하며 승객들에게 리듬감 있는 박수를 유도해 낸다. 기내 분위기는 흥겨워지고 고객 반응도 당연히 최고다. 이처럼 유머는 직원과 직원, 직원과 고객 사이의 의사소통을 즐겁게 한다.

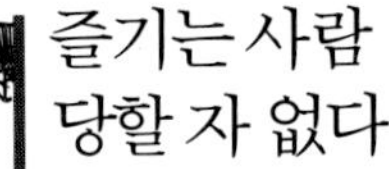

즐기는 사람 당할 자 없다

즐겁게 일하다 보니 1년이 금방 지나갔던 기억이 있다. 인사를 담당하던 시절의 나는 처음에 학력, 실력, 외모 등을 기준으로 사람을 선발하곤 했다. 그런데 일을 금세 그만두는 사람이 생각보다 많다는 것을 알게 되었다. 나는 왜 그럴까 궁금해졌다. 그래서 내가 뽑은 사람이 얼마나 오랫동안 일하는지, 어떤 성과를 내는지 등에 대한 통계 분석을 해 보았다. 또 각 업무에 따른 성격 유형도 정리해 보았다. 나중에는 관상학에까지 관심을 가질 정도로 즐겁게 일했다. 그러다 보니 나만의 인사관도 생기고 선발 기준이 되는 풍부한 데이터도 만들 수 있었다. 일이 싫어 도망가는 사람들을 연구하는 일이 내게는 도끼 자루 썩는 줄 모르는 신선놀음이 되었던 것이다.

아무튼 이런 연구의 결과 나는 유머와 즐거움이 업무 환경과 몰입의 상관관계를 조정하는 열쇠라는 사실을 깨달았다. 나 역시 즐겁지 않았다면 1년간의 연구 작업에 몰두하지 못했을 것이다. 효율적인 작업 환경을 만들고 유머 감각으로 동료들의 정신적인 부담을 덜어 줄 수 있는 관리자는 항상 의욕에 차 있으며 행복한 팀을 이끌게 된다. 그런데 회사에는 그런 사람이 너무나 부족했다. 엄숙함이 직원들을 금방 질리게 만든 것이다.

유머 감각을 지닌 사람은 똑똑한 사람이다. 이런 사람이 바로 기업에 필요한 관리자이며 탁월한 능력을 지닌 관리자이기도 하다. 모두가 항상 유머 감각을 잃지 말고 즐겁게 일했으면 좋겠다.

흔들의자에서 일하지 마라

초판 1쇄 발행 2012년 12월 25일
초판 3쇄 발행 2013년 2월 26일

지 은 이 박인주

펴 낸 이 최용범
펴 낸 곳 페이퍼로드
출판등록 제10-2427호(2002년 8월 7일)
          서울시 마포구 연남동 563-10번지 2층

편   집 김정주, 양현경
마 케 팅 윤성환
관   리 임필교
디 자 인 이춘희, 장원석

이 메 일 book@paperroad.net
홈페이지 www.paperroad.net
커뮤니티 blog.naver.com/paperroad
Tel (02)326-0328, 6387-2341 | Fax (02)335-0334

I S B N   978-89-92920-80-3 13320

· 책값은 뒤표지에 있습니다.
· 잘못 만들어진 책은 구입하신 곳에서 바꾸어 드립니다.